中国互联网金融协会
National Internet Finance Association of China

CHINA
INTERNET FINANCE INDUSTRY REPORT
2018

中 国
互联网金融年报

中国互联网金融协会◎编著

中国金融出版社

责任编辑：张智慧　王雪珂

责任校对：孙　蕊

责任印制：裴　刚

图书在版编目（CIP）数据

中国互联网金融年报（2018）/中国互联网金融协会编著. —北京：中国金融出版社，
2018.11

ISBN 978 - 7 - 5049 - 9874 - 3

Ⅰ.①中…　Ⅱ.①中…　Ⅲ.①互联网终—应用—金融—中国—2018—年报
Ⅳ.①F832.2-54

中国版本图书馆CIP数据核字（2018）第272681号

出版
发行　　中国金融出版社

社址　北京市丰台区益泽路2号

市场开发部　　（010）63266347，63805472，63439533（传真）

网 上 书 店　http://www.chinafph.com

　　　　　　　（010）63286832，63365686（传真）

读者服务部　　（010）66070833，62568380

邮编　100071

经销　新华书店

印刷　北京市松源印刷有限公司

尺寸　210毫米×285毫米

印张　13.25

字数　206千

版次　2018年11月第1版

印次　2018年11月第1次印刷

定价　169.00元

ISBN 978-7-5049- 9874 -3

如出现印装错误本社负责调换　联系电话（010）63263947

《中国互联网金融年报（2018）》
编委会

序 言

近年来，在大数据、云计算、移动互联网等信息技术快速发展的推动下，以互联网支付、网络借贷（P2P）、股权众筹等为代表的互联网金融发展迅速，业务形态日趋多元，在提高金融服务效率，降低交易成本，满足多元化投融资需求，提升金融服务的普惠性和覆盖面等方面，发挥了积极作用。

互联网金融本质上仍是金融，没有改变金融风险的隐蔽性、传染性、突发性和较强的负外部性特征，而且由于互联网属性，其风险的波及面更广、扩散速度更快、溢出效应更强。当前，互联网金融在快速发展中积累了一些问题和风险：某些业态偏离了正确的创新方向，部分机构风险意识、合规意识、消费者权益保护意识不强，反洗钱、反恐怖融资制度缺失，有些甚至打着"金融创新"的幌子进行非法集资、金融诈骗等违法犯罪活动。特别是近期爆发的一系列风险事件，对行业声誉造成了较大负面影响，引起社会各界高度关注，规范互联网金融发展成为广泛共识。

党中央、国务院高度重视互联网金融发展和风险防范工作。2015年7月，经党中央、国务院同意，中国人民银行会同十部委发布了《关于促进互联网金融健康发展的指导意见》，明确了互联网金融监管的总体要求、原则和职责分工。2015年12月，中央经济工作会议明确要求抓紧开展互联网金融领域专项整治，规范发展互联网金融。2016年10月，国务院办公厅发布《互联网金融风险专项整治工作实施方案》，对互联网金融风险专项整治工作进行了全面部署安排，人民银行和相关部门也对各自监管领域分别提出实施方案。这一系列工作背后体现了党中央、国务院的高瞻远瞩，当前互联网金融各业态中所存在的乱象与畸形发展必须先破而后立，激浊而扬清。

行业自律是对行政监管的有益补充和有力支撑，也是创新监管的重要内容。在互联网金融规范发展方面，搭建行政监管与行业自律有机结合的管理体制是当前业界的共识。正是在此背景下，国务院批准成立了中国互联网金融协会。作为全国性的行业自律组织，中国互联网金融协会承担着制定互联网金融经营管理规则和行业标准，促进从业机构业务交流和信息共享，建立行业自律惩戒机制等重要职责，各界均给予了重要期望。

目前，尚处在新兴阶段的互联网金融业态多样，创新纷呈，业界和学界出版了若干报告，基于不同视角就互联网金融进行了有益探讨，但在全面性、系统性、客观性等方面有所不足。相较而言，这本中国互联网金融协会组织编著的互联网金融年报，基于主要互联网金融业态的划分，以2015年各业态总量与抽样发展数据为依托，佐以正反两方面实际案例，从概念沿革、发展模式、发展现状、困难挑战、趋势展望等方面对我国互联网金融发展的客观实际进行了较全面地研究探讨。该书可为政策制定者、从业人士、研究人员提供较为全面详实的参考资料，也可以帮助消费者系统地了解掌握互联网金融知识、提高风险意识。

最后，希望我国互联网金融逐渐正本溯源，不断树立行业正面声誉，持续为服务实体经济，促进金融普惠添砖加瓦。

潘功胜

中国人民银行副行长

2016年11月

（此序为中国人民银行副行长潘功胜为
中国互联网金融协会2016年发布的首部年报所作）

目　录

第四章　互联网保险

第五章　互联网基金销售

第六章　互联网消费金融

第七章　互联网直销银行

第八章　互联网证券

第九章　互联网股权融资

专题

第一章
互联网金融发展总体现状

- 2017年互联网金融发展环境
- 2017年互联网金融总体发展情况
- 互联网金融发展的主要风险与挑战
- 互联网金融的发展趋势与展望

2017年，我国经济平稳健康发展，但结构性矛盾和不确定性因素仍较突出，互联网金融发展面临的国内外宏观形势错综复杂。2017年《政府工作报告》指出，当前系统性风险总体可控，但对不良资产、债券违约、影子银行、互联网金融等累积风险要高度警惕。一年来，随着互联网金融风险专项整治有序推进，行业总体风险水平显著下降，行业规范发展态势初步形成，专项整治工作成效显著。但同时也应看到，互联网金融涉众性强，新型业态多元多变，不同业态发展有所分化，风险因素复杂交叉，建立监管和风险防范长效机制依然任重道远。

第一节　2017年互联网金融发展环境

2017年，我国经济平稳健康发展，但结构性矛盾和不确定性因素仍较突出，互联网金融发展的机遇与挑战并存。随着信息技术深入发展，网络用户习惯进一步巩固，为互联网金融发展奠定了坚实基础。同时，监管规则不断完善，行业自律作用有效发挥，互联网金融风险专项整治有序推进。

一、国民经济平稳健康发展，结构性矛盾和不确定性因素依然较为突出，互联网金融发展的机遇与挑战并存

2017年，我国坚持稳中求进工作总基调，坚定不移贯彻新发展理念，以供给侧结构性改革为主线，推动结构优化、动力转换和质量提升，经济动力和潜力持续释放，稳定性、协调性和可持续性明显增强，经济发展呈现出增长与质量、结构、效益相得益彰的良好局面。国民经济平稳健康的发展态势以及居民生活水平的不断提升给互联网金融带来巨大的市场潜力和发展空间。同时，国民经济运行中结构性矛盾以及国际经济不稳定因素也给互联网金融的持续稳健经营带来一定挑战。

（一）国民经济稳中向好，产业结构持续改善

2017年，全年国内生产总值82.7万亿元，按可比价格计算，同比增长6.9%。分产业看，第一产业增加值6.6万亿元，增长3.9%；第二产业增加值33.5万亿元，增长6.1%；第三产业增加值42.7万亿元，增长8.0%（图1-1）。

从产业增加值占GDP比重看，第一产业为7.9%，比上年下降0.7个百分点；第二产业为40.5%，比上年提高0.6个百分点；第三产业为51.6%，与上年持平。从对经济增长的贡献率来看，三大产业分别约为4.9%、36.3%和58.8%。其中，第三产业贡献率比上年提高1.3个百分点（图1-2）。

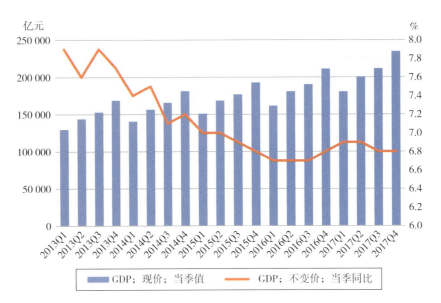

数据来源：Wind资讯，中国互联网金融协会整理。

图1-1　2013—2017年中国经济增长情况

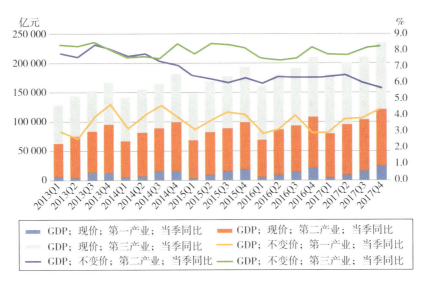

数据来源：Wind资讯，中国互联网金融协会整理。

图1-2　2013—2017年中国经济增长按产业分类

（二）居民消费水平不断提升，消费升级步伐加快

2017年，全国居民人均可支配收入25 974元，比上年增长9.0%，扣除价格因素，实际增长7.3%；全国居民人均消费支出18 322元，比上年增长7.1%，扣除价格因素，实际增长5.4%。按常住地分，城镇居民人均消费支出24 445元，增长5.9%，扣除价格因素，实际增长4.1%；农村居民人均消费支出10 955元，增长8.1%，扣除价格因素，实际增长

6.8%（图1-3）。

数据来源：国家统计局，中国互联网金融协会整理。

图1-3 2013—2017年中国居民收入和支出情况

2017年，我国居民消费正处在由生存型消费向发展型消费、物质型消费向服务型消费、传统型消费向新型消费转变的上升期，居民服务型消费支出占可支配收入的比重显著增长。衣着、生活用品及服务、交通通信、教育文化娱乐、医疗保健等方面的人均消费支出占人均消费支出总额的比重分别为6.8%、6.1%、13.6%、11.4%、7.9%，较上年相应占比分别增长2.9%、7.4%、6.9%、8.9%、11.0%，消费升级步伐加快（图1-4）。

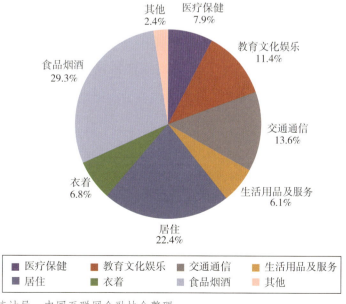

数据来源：国家统计局，中国互联网金融协会整理。

图1-4 中国居民消费支出类型分布

（三）货币政策保持稳健中性，货币供应量增长适度放缓

2017年，中国人民银行坚定不移贯彻新发展理念，实施稳健中性的货币政策，更好地平衡了稳增长、调结构、去杠杆和防风险之间的关系，为供给侧结构性改革和高质量发展营造出良好的货币金融环境。2017年末，广义货币供应量M2余额167.7万亿元，比上年末增长8.2%；狭义货币供应量M1余额54.4万亿元，增长11.8%；流通中货币M0余额7.1万亿元，增长3.4%（图1-5）。M2增速适度放缓主要反映了去杠杆和金融监管逐步深化背景下，银行资金运用更加规范，金融部门内部资金循环和嵌套减少，资金更多流向了实体经济。

数据来源：中国人民银行年报，中国互联网金融协会整理。

图1-5 2013—2017年中国货币供应量增长率

（四）社会融资规模合理增长，金融对实体经济支持力度加大

2017年末，社会融资规模存量为174.64万亿元，同比增长12.0%。全年社会融资规模增量为19.4万亿元，比上年多增加1.6万亿元。从结构上看，对实体经济发放的本外币贷款和表外融资大幅增加，全年对实体经济发放的本外币贷款增加12.7万亿元，比上年多增加0.9万亿元（图1-6）。总体来看，2017年金融对实体经济支持力度较大。

数据来源：中国人民银行年报，中国互联网金融协会整理。

图1-6　2017年中国社会融资规模

（五）全球经济复苏依然脆弱，不稳定因素仍然存在

2017年，世界经济仍处于国际金融危机以来的深度调整阶段。从主要发达国家发展形势看，美国经济政策取向存在一定变数，美联储加息预期时有反复，企业投资和消费者信心不足，经济走势的不稳定性增大；欧元区持续宽松的货币政策边际效用逐渐减弱，同时在英国脱欧、难民问题和地缘政治等因素影响下，欧洲经济存在回升受阻的可能；日元升值抑制出口，日本经济增速回升的动力不足。新兴市场和发展中国家经济增长仍面临诸多困难，资本外流风险依然存在，结构性改革有待进一步深化；初级产品价格低位震荡仍将影响巴西、俄罗斯和南非等资源出口依赖型国家的经济复苏步伐。

二、信息技术深入发展，网络用户习惯进一步巩固，为互联网金融发展奠定了坚实基础

（一）国家高度重视新一代信息技术发展，政策环境不断优化

面对新一代信息技术发展重大战略机遇，加快建设创新型国家和世界科技强国，党中央、国务院大力推动信息产业新业态发展，先后在人工智能、大数据、移动互联网等技术层面陆续出台政策法规，探索新一代信息技术在金融领域的应用。2017年7月，国务

院出台《新一代人工智能发展规划》指出，要大力发展智能金融，创新智能金融产品和服务，鼓励金融业应用智能客服、智能监控等技术。建立金融大数据系统，提升金融多媒体数据处理与理解能力。建立金融风险智能预警与防控系统。

（二）我国网络平均下载速率快速提升，宽带网络迎来高速发展

自2015年国务院办公厅印发《关于加快高速宽带网络建设推进网络提速降费指导意见》以来，国家主管部门大力推进宽带"提速降费"工作。2017年全年四个季度，全国固定宽带用户网络下载的忙闲时间加权平均下载速率依次为13.01Mbit/s、14.11Mbit/s、16.40Mbit/s、19.01Mbit/s，分别较上年同期增长37.5%、34.8%、48.7%、59.8%；2017年第四季度，全国移动宽带用户通过4G访问的平均下载速率为18.18Mbit/s，同比增长46.7%（图1-7）。互联网网络平均下载速率实现快速提升，宽带网络迎来了新一轮高速发展。

数据来源：中国互联网络信息中心，中国互联网金融协会整理。

图1-7　2014—2017年中国网络下载速率

（三）网民规模逐年增长，互联网惠及全民取得新进展

2017年，我国网民规模保持逐年平稳增长，互联网惠及全民取得新进展，在需求端为互联网金融的持续发展提供了有力支撑。截至2017年末，我国网民规模达7.72亿人，全年共计新增网民4 074万人，增长率为5.6%；互联网普及率达到55.8%，较2016年末提升2.6个百分点，超过全球平均水平4.1个百分点，超过亚洲水平9.1个百分点（图1-8）。互联网商业模式不断创新、线上线下服务融合加速以及公共服务线上化步伐加快，成为

推动网民规模增长的动力。

数据来源：中国互联网络信息中心，中国互联网金融协会整理。

图1-8　2013—2017年中国互联网普及率

（四）宽带城市建设继续推动光纤接入普及

2017年，宽带城市建设继续推动光纤接入快速普及。截至2017年末，光纤接入（FTTH/0）用户累计净增6 173万户，总数达2.9亿户，占宽带用户总数的比重较上年末提高了7.0个百分点，达到83.6%（图1-9）。

数据来源：中国互联网络信息中心，中国互联网金融协会整理。

图1-9　2012—2017年中国光纤接入情况

（五）手机网民和网上支付占比持续提升，网络用户习惯进一步巩固

截至2017年末，我国手机网民规模持续增加，达7.53亿人，同比增长8.2%；网民中使用手机上网人群的占比由2016年的95.1%提升至97.5%（图1-10）。

数据来源：中国互联网络信息中心，中国互联网金融协会整理。

图1-10　2013—2017年中国手机网民规模

与此同时，网上和手机支付用户规模和使用率也有较大幅度提升，用户支付习惯进一步形成。截至2017年末，我国使用网上支付的用户规模达到5.31亿人，较2016年末增加5 661万人，年增长率为11.9%，使用率达到68.8%（图1-11）。

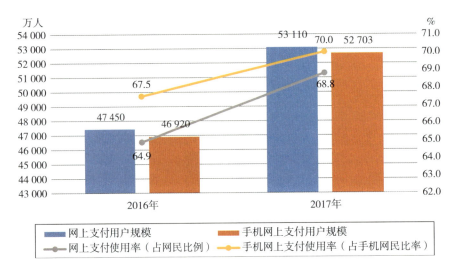

数据来源：中国互联网络信息中心，中国互联网金融协会整理。

图1-11　中国网上与手机支付用户规模和使用率

三、监管规则不断完善，行业自律作用有效发挥，互联网金融风险专项整治有序推进

2017年是互联网金融行业监管和自律管理持续深化之年，也是落实互联网金融风险专项整治要求、建立规范发展长效机制的关键一年。党中央、国务院高度重视互联网金融规范发展和风险专项整治工作。2017年《政府工作报告》明确提出，当前系统性风险总体可控，但对不良资产、债券违约、影子银行、互联网金融等累积风险要高度警惕。自2016年4月专项整治工作开展以来，各部门各地区按照"打击非法、保护合法，积极稳妥、有序化解，明确分工、强化协作，远近结合、边整边改"的工作原则，根据国务院统一部署要求，扎实有序开展专项整治工作。一年多来，行业无序发展、生态恶化的局面得到改善，互联网金融总体风险水平显著下降，监管制度逐步完善，跨部门、跨地区监管协作机制初步构建。

（一）专项整治和监管协作机制有序运转

互联网金融风险专项整治工作领导小组按照"部门统筹、属地组织、条块结合、共同负责"的工作机制，确定突出重点、分类施策的基本思路，明确从业机构分类标准、处置程序及整改目标，加强对各地的工作督导，扎实有序推进专项整治工作。建立央地联动机制，推动中央与地方联动开展专项整治；加强跨区域整治协调，对重点跨省从业机构开展清理整顿；构建跨部门协调机制，各部门间分工协作不断完善；统筹跨领域活动监管，按照穿透式监管和一致性监管原则，对交叉嵌套的互联网金融业务进行定性和处置。

（二）部分领域监管制度进一步健全

中国银监会建立了个体网络借贷行业经营和监管的基本制度安排，中国人民银行建立了非银行支付机构客户备付金集中存管制度（见表1-1），明确互联网资产管理、网络小额贷款等领域的底线性监管规则；中国保监会出台了《信用保证保险业务监督暂行办法》，明确保险公司开展网贷平台信用保证保险业务的监管要求。

表1-1　2017年互联网金融监管政策文件

时间	印发部门	文件名称
2017年2月	中国银监会办公厅	《网络借贷资金存管业务指引》
2017年5月	中国人民银行等十七部门	《关于进一步做好互联网金融风险专项整治清理整顿工作的通知》
2017年7月	中国保监会	《信用保证保险业务监管暂行办法》
2017年8月	中国银监会办公厅	《网络借贷信息中介机构业务活动信息披露指引》
2017年11月	中国人民银行办公厅	《关于进一步加强无证经营支付业务整治工作的通知》
2017年11月	互联网金融风险专项整治工作领导小组办公室	《关于立即暂停批设网络小额贷款公司的通知》
2017年12月	互联网金融风险专项整治工作领导小组办公室P2P网贷风险专项整治工作领导小组办公室	《关于规范整顿"现金贷"业务的通知》
2017年12月	P2P网贷风险专项整治工作领导小组办公室	《关于印发小额贷款公司网络小额贷款业务风险专项整治实施方案的通知》
2017年12月	P2P网贷风险专项整治工作领导小组办公室	《关于做好P2P网络借贷风险专项整治整改验收工作的通知》
2017年12月	中国人民银行	《关于规范支付创新业务的通知》
2017年12月	中国人民银行	《中国人民银行关于印发〈条码支付业务规范（试行）〉的通知》

资料来源：中国互联网金融协会整理。

（三）行业基础设施不断完善

中国互联网金融协会积极组织行业力量，不断完善全国互联网金融登记披露、统计监测、信息共享、违规举报等行业基础设施功能，并牵头筹建个人征信市场化机构。截至2017年末，全国互联网金融登记披露服务平台接入机构117家，并开通产品登记系统，16家机构试点接入；互联网金融统计监测系统（一期）接入近300家互联网金融从业机构，二期系统按日逐笔采集机构交易信息，切实提高了数据采集精度和报送效率；互联网金融信息共享平台接入机构105家，收录自然人借款客户3 900多万人，入库记录3.2亿余条；互联网金融举报信息平台累计接收举报信息54 000多条，及时转送中央和地方相关管理部门处理。

非银行支付机构网络支付清算平台于2017年3月启动试运行，为支付机构提供统一、集中的资金清算服务，有助于纠正支付机构违规从事跨行清算业务，改变目前支付机构与银行多头连接开展业务的情况，支持支付机构一点接入平台办理，以节约连接成本，提高清算效率，保障客户资金安全，也有利于监管部门对社会资金流向的实时监测。

（四）行业自律管理作用有效发挥

中国互联网金融协会积极配合监管部门并全力投入专项整治工作，深入推进基础设施建设、统计监测、标准规则、教育培训、消费者权益保护等重点任务。2017年7月，协会成立互联网金融标准研究院，全年共发布互联网消费金融信息披露、个体网络借贷信息披露、个体网络借贷资金存管业务规范、个体网络借贷资金存管系统规范、个体网络借贷合同要素5项团体标准，不断提升互联网金融行业标准化、规范化水平；全年共举办各类专题培训15期，累计培训从业机构650余家，学员2 000余人次，促进行业整体风险意识和风险管理能力提高；针对虚拟货币、网络小额现金贷款、首次代币发行（ICO）、变相ICO活动、"一元购"、投资诈骗、爱心捐助诈骗等情况对社会发布风险提示，取得明显的社会效果。

第二节　2017年互联网金融总体发展情况

2017年，随着互联网金融风险专项整治工作深入推进，总体风险水平显著下降，行业秩序持续改善，市场环境明显净化，不同业态发展有所分化。

一、互联网支付

互联网支付业务规模有所下降，移动支付业务规模保持高速增长并对互联网支付产生较为明显的替代效应。2017年，全国非银行支付机构互联网支付业务交易总金额38.7万亿元，同比下降28.6%，在网络支付业务中的比重由2016年的51.6%下降为26.9%；移动支付业务交易总金额105.1万亿元，同比增长106.1%，在网络支付业务中的比重由2016年的48.4%上升到73.1%。同时，互联网支付的行业集中度有所下降，交易金额排名全国前十位的非银行支付机构业务量之和占互联网支付业务量的75.2%，下降12个百分点。

二、个体网络借贷

个体网络借贷行业运营平台数量减少，规范发展态势逐步形成。2017年，全国运营平台2 625家，比上年末减少269家。年末贷款余额11 954亿元，同比增长48.8%。全年贷款累计发生额25 779亿元，同比增长29.1%。历史累计参与人数稳步增长至11 851万人，其中借款人数增幅远高于出借人数增幅。行业平均收益率呈先降后升态势，全年平均收益率为9.4%，同比增长0.1个百分点。行业平均借款期限为10个月，同比增长1.6个月，但仍以短期为主。行业发展地区集中度进一步提高，北京、上海、广东、浙江、江苏、四川六地平台贷款余额占全国贷款余额比重达93.7%，同比上升0.1个百分点。

三、互联网保险

2017年，互联网保险保费收入首次出现下降，总额为1 835亿元，同比下降21.8%，互联网保险保费收入占保险业原保费收入的比重为5.0%，连续两年下降，占比较2015年和2016年分别下降了4.2个百分点和2.5个百分点。互联网人身保险和互联网财产保险的发展已出现分化。其中，互联网人身保险保费收入首次出现负增长，全年保费收入1 383亿元，同比下降23.0%。互联网财产保险保费收入总体平稳，全年保费收入493亿元，同比下降1.7%。互联网人身保险保费收入和互联网财产保险保费收入占互联网保费收入的比重略有变化。其中，互联网人身保险保费收入占73.7%，同比下降9.1个百分点，互联网财产保险保费收入占26.3%，同比上升9.1个百分点。

四、互联网基金销售

互联网基金销售总额保持增长，互联网直销依然是其主要途径，互联网基金代销增速较快。以12家样本基金公司为例，2017年，互联网基金销售总额同比增长84.7%，增速较2016年上升48.7个百分点。其中，通过互联网直销的基金总额为15.4万亿元，同比增长87.8%；通过互联网直销的基金总额占全部基金销售总额的95.1%，占比保持上升。通过基金代销公司代销的基金总额为7 521亿元，同比增长347.6%。互联网基金销售产品仍以货币型基金为主，根据4家样本公募基金数据，货币型基金销售额同比增长71.5%，占互联网基金销售额的99.4%。

五、互联网消费金融

互联网消费金融市场规模持续扩大，交易活动较为活跃。以6家样本机构为例，2017年，注册用户数共计增加9 430.4万人，新发消费贷款金额较上年增长254.6%，新发消费贷款笔数较上年增长161.2%，新增注册用户数、新发消费贷款金额及笔数总体均呈上升趋势。同时，样本机构笔均贷款金额约为1 412.2元，贷款期限在1个月（含）以内的新发放贷款笔数占总贷款笔数的49.8%，用户年龄分布在20~30岁（含）的占比为66.8%，呈现笔均贷款金额较小、短期贷款占比较高、用户年轻化等特征。

六、互联网直销银行

互联网直销银行整体呈快速扩张态势。截至2017年末，传统银行内设直销银行113家，较去年新增42家，发起行为城商行、农商行的比例仍近九成，但直销银行总资产规模占银行业总资产规模比例不足百分之一。其中，2017年微众银行、网商银行等互联网银行的资产规模增速分别为57.1%和27.1%，负债规模增速分别为62.0%和28.3%，均显著高于银行业平均水平。2017年11月，国内首家独立法人运作模式的互联网银行百信银行正式开业，积极探索"金融+互联网"创新发展模式。

七、互联网证券

互联网证券整体呈收缩趋势，但移动端交易和理财产品销售有所增长。以10家样本证券公司为例，2017年网上开户数和移动端开户数分别较2016年下降34.8%和36.0%，网上交易总额同比下降3.1%。样本公司证券经纪业务总收入244亿元，同比下降13.7%，较2016年减少39亿元。移动端交易吸引力有所提升，样本公司移动端交易额占其网上交易总额的39.6%，同比上升5个百分点。样本公司理财产品销售额增长明显，网上销售互联网理财产品金额5 645亿元，同比增长21.8%。

八、互联网股权融资

全国互联网股权融资平台共114家，2017年新上线平台5家，平台数量趋于稳定。以18家样本平台为例，样本平台新增投资人数同比增长56.2%，合格投资者重复投资次数增加，投资者行为更加理性成熟。近八成的新增融资项目集中在东部地区，部分平台布局海外业务。新增融资项目集中分布在酒店住宿、美食餐饮、信息技术等领域，融资轮次处于种子轮的项目逾九成，表明行业支持消费升级和产业转型的力度有所增强。此外，在股权众筹融资方面，中国互联网金融协会积极开展相关理论与国际经验研究，为监管部门研究制定相关试点方案提供决策参考和研究支撑。

第三节　互联网金融发展的主要风险与挑战

2017年，互联网金融风险专项整治工作扎实有序开展，监管长效机制逐步建立，行业规范发展态势初步形成。但同时也应看到，受宏微观环境变化的影响，互联网金融规范发展仍面临着一些风险隐患和体制机制上的挑战。

一、主要风险

（一）经济转型时期的信用风险

当前我国经济正处于转变发展方式、优化经济结构、转换增长动力的关键时期，经济运行的结构性矛盾仍较突出，局部去杠杆任务依然较重，部分地区经济下行压力较大，一些实体企业特别是中小企业经营困难，导致互联网金融从业机构对接的资产质量下降，不良率和逾期率有所上升。同时，由于我国征信体系尚未实现全面覆盖，互联网金融从业机构之间的信息共享机制还有待进一步完善，过度借贷、多头借贷甚至多头骗贷现象较为突出。

（二）整治攻坚时期的合规风险

随着互联网金融风险专项整治进入攻坚阶段，监管政策和自律规则逐步落地，部分整改转型不力的从业机构面临较为突出的合规风险。比如，部分从业机构擅自扩大经营范围，或在未取得牌照或资质的情况下违规开展业务。部分从业机构存在资金违规流入房地产等产能过剩行业或在金融体系内自我循环、"脱实向虚"等问题。此外，不当营销、暴力催收等损害金融消费者合法权益的行业乱象依然存在。

（三）竞争加剧时期的经营风险

随着互联网金融深入发展，参与主体进一步多元化，行业竞争程度逐渐加剧。部分从业机构风险意识不够、经营能力不足，难以适应日趋激烈的竞争形势。部分从业机构迫于竞争压力，盲目进入一些相对陌生的领域寻求业务增长，比如，消费信贷、汽车抵押贷、供应链金融等领域。随着平台大量涌入这些细分市场，带来竞争过度、供需失衡等问题，催生新的经营风险。

（四）行业出清时期的社会风险

当前从业机构存量违规业务情况比较复杂，仍然存在资金池、大额标的等问题，面临无法通过验收而不得不退出市场的风险。在行业出清的过程中，部分从业机构缺乏法律和社会责任意识，"甩手"退出甚至恶意跑路失联，引发群体性事件，危害社会经济稳定。此外，由于失信联合惩戒机制尚未健全，违约成本较低，借款人恶意逃废债的情况时有发生，而一些自媒体为博眼球或出于利益考量，进行不实传言或不当报道，误导社会舆论，给市场环境和行业声誉带来负面影响。

二、体制机制挑战

（一）法律制度体系有待进一步健全

一是现行法律法规大多以传统金融机构和金融业务为适用对象，在互联网金融领域的适用性有待进一步提升。二是互联网金融领域反洗钱和反恐怖融资、个人信息保护、公司治理、内部审计等相关法律法规有待进一步建立完善。三是个体网络借贷等部分领域既有监管规则法律层级较低，无法设置较为完善的风险处置、行政处罚、行政强制等措施的问题，也无法设立行政许可。

（二）监管机制有待进一步完善

一是部分领域市场准入制度、常态化监管安排、中央地方监管分工有待进一步明确。二是反不正当竞争、投资者适当性等行为监管规则尚未建立，互联网企业开展综合金融业务的监管规则有待进一步完善。三是现行互联网金融监管模式与行业跨界混业经营、贯穿多层次市场体系等业务特征仍存在一定程度的不匹配，监管套利问题依然存在。

（三）行业基础设施有待进一步夯实

一是行业信息共享、信息披露、风险监测等基础设施和工作机制有待进一步巩固和完善，对于违反商业道德、契约精神的行为尚缺少足够的震慑和惩戒手段，行业欺诈成本和违约成本较低。二是行业统计监测体系的覆盖范围有待进一步拓展，许多尚处于统计监测体系之外的从业机构亟待纳入统计监测范围。三是互联网金融标准化程度有待进一步提升，公司治理、内部控制、运营管理、产品定价、信息安全等方面标准尚不健全。

（四）消费者权益保护有待进一步加强

一是互联网环境下法律关系复杂，互联网金融业务涉及各方的责任以及金融消费者应有基本权利的认定等尚缺乏统一、适用的法律法规。二是互联网金融具有跨地域、跨行业、涉及人数多等特点，金融消费者权益保护相关工作的统筹协调有待进一步加强。三是互联网金融覆盖范围广，客群多元化、多层次，有针对性的风险教育、投诉处理、纠纷调解处置、损害赔偿等方面的机制有待继续完善。

第四节　互联网金融的发展趋势与展望

经过近两年的共同努力，互联网金融风险专项整治工作已取得显著成效。但同时也要清醒地看到，互联网金融涉众性强，新型业态多元多变，风险因素复杂交叉，建立监管和风险防范长效机制依然任重道远。展望未来，互联网金融发展将呈现以下几个方面特点。

一、监管长效机制逐步健全

随着互联网金融风险专项整治工作的深入，中央层面集中统筹、中央监管部门和地方政府共同负责，条块结合、紧密配合的监管协调机制初步建立，相关领域的监管制度不断完善，行业基础设施进一步夯实，适应互联网金融特点的监管长效机制将逐步健全。同时，随着打击非法金融活动工作机制的逐步完善，各类以互联网金融名义实施的非法集资、违规营销、商业欺诈等非法金融活动将受到更加精准有效的打击。

二、行业自律作用持续发挥

在下一阶段的风险专项整治和日常监管过程中，行业自律将持续发挥配合支撑监管和防范化解风险方面的积极作用。依托更加精准有效的数据统计和风险监测，为行业发展和监管部门提供数据支持和治理依据。进一步发挥各类行业基础设施功能，建立健全行业自律约束机制。继续发挥标准规则的先行先试作用，推动关键领域和重点环节行业标准规则的研制实施，引导市场预期和发展方向，切实推动监管政策和要求落地。加快研究推动从业人员资格水平培训认证，做好金融消费者教育和风险提示。

三、市场发展环境不断净化

发展以规范为前提，整治是为了更好地发展。随着行业清理整顿扎实推进，专项整治工作中经过实践检验、取得较好成效的机制安排和经验做法将制度化、长效化，从业机构优胜劣汰、去伪存真进程加速进行，"不敢违规、不能违规、不愿违规"的行业合规文化有效建立，从而为发挥互联网金融在提高金融资源配置效率和金融服务普惠性等方面的作用营造更加良性的市场发展环境。

四、国际影响力和竞争力进一步提升

随着互联网金融领域行业发展合规性、安全性和可持续性不断增强，我国在法律制度规范、监管体制安排、行业标准规则、商业模式研发、金融科技应用等方面的实践经验将更加丰富，比较优势将更加明显，在全球互联网金融领域的影响力、话语权和国际治理作用有望进一步提升。同时，随着我国金融业对外开放的不断推进，具备国际竞争优势和实力的从业机构将依托"一带一路"等国际战略的实施，进一步对接全球市场资源，实现国际化发展。

第二章
互联网支付

- 2017年互联网支付发展情况
- 互联网支付的发展环境
- 互联网支付的主要问题与挑战
- 互联网支付的发展趋势与展望

2017年，我国支付服务业务不断发展，支付规模持续提升、支付行业创新稳步推进，支付服务市场有序开放。与此同时，支付创新规范、银行账户管理等法规政策不断完善，备付金集中存管、无证支付业务专项整治等监管措施不断加强，引导支付清算业务回归本源，推动支付市场健康有序发展，我国支付行业进入全面监管、规范创新的新阶段。

第一节　2017年互联网支付发展情况

一、互联网支付业务规模有所下降，移动支付业务保持高速增长

2017年，我国非银行支付机构共处理互联网支付业务483.2亿笔，同比下降27.1%，交易总金额达到38.7万亿元，同比下降28.6%。而我国移动支付业务则呈现高速增长态势，2017年我国非银行支付机构共处理移动支付业务2 392.6亿笔，同比增长146.5%，交易总金额达到105.1万亿元，同比增长106.1%（图2-1）。

从业务占比情况来看，2016年互联网支付业务和移动支付业务在网络支付业务中的占比分别为51.6%和48.4%，2017年变为26.9%和73.1%（图2-1）。互联网支付业务和移动支付业务一降一升，表明在网络支付业务发展中，后者对前者的替代作用日益明显，也体现了移动支付强大的生命力和发展潜力。

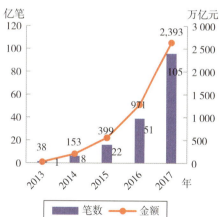

数据来源：中国支付清算行业运行报告（2018）。

图2-1　非银行支付机构互联网支付（左）与移动支付（右）交易规模

二、互联网支付及移动支付业务用户数量稳步增长，市场基础持续夯实

截至2017年末，我国网民规模达到7.7亿人，年内新增网民4 074万人；互联网普及率

达到55.8%，较上年提升2.6个百分点。网民数量的增长与互联网基础设施的改善，为普通网民向互联网支付用户的转化培育了有利环境。据统计，2017年支付机构为客户开立的支付账户数量已达41.4亿个，数量较上年增长20.0%。

国家网络基础设施的完善升级以及智能手机的广泛应用普及同样也为移动支付用户增长提供了肥沃土壤。2017年末，商业银行移动支付用户数量达17.0亿户，同比增长25.5%；非银行支付机构移动近场特约商户数量达305.1万户，同比上升88.8%，充分体现了移动支付业务的活跃度。

三、互联网支付交易金额市场集中度有所下降，前十家机构仍占据优势

随着支付机构转型进程的推进，支付机构以支付为入口，向行业方向拓展，面向行业的B端服务成为支付机构转型发展的重要方向，业务集中度已有所下降。2017年，互联网支付交易金额排名全国前十位的非银行支付机构业务量之和占互联网支付业务总金额的75.2%，比上年下降了12.0个百分点。从业务量来看，交易规模在1万亿元以上的机构有10家，其业务量占交易总额的75.2%；交易规模在1 000亿元至1万亿元的机构有31家，其业务量占交易总额的20.9%；交易规模在100亿元至1 000亿元的机构有29家，其业务量占交易总额的3.7%；交易规模在10亿元至100亿元的机构有15家，其业务量占交易总额的0.2%；交易规模在1亿元至10亿元的机构有6家，其业务量占交易总额的0.01%（图2-2）。

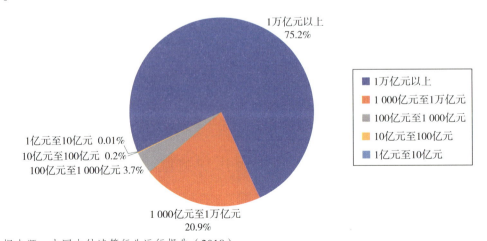

数据来源：中国支付清算行业运行报告（2018）。

图2-2　2017年非银行支付机构互联网支付业务量区间分布情况

四、网络支付资质仍受青睐，互联网行业巨头打造生态闭环

2017年监管部门不断推进整顿市场秩序，引导支付机构回归支付本源，市场对于支付牌照红利的预期普遍降低。但一些大型互联网企业仍需要支付牌照来打造自身互联网生态闭环，提升客户服务效率。2017年，今日头条、滴滴出行、51信用卡等新型互联网企业通过并购、入股等方式取得互联网支付牌照，入局互联网支付市场，服务于自身业务生态圈。

第二节　互联网支付的发展环境

2017年，随着国家对金融安全监管的加强，监管层密集下发了备付金存管、无证支付清查、"断直连"、条码支付规范等相关政策文件，整顿支付服务市场秩序，重点开展了无证经营支付业务、非法"二清"等专项整治，化解和防范支付领域风险，通过搭建网联集中清算平台，实施备付金集中存管等方式，引导市场主体回归业务本源，我国支付行业进入全面监管、规范创新的新阶段。

一、优胜劣汰长效机制已建立，通过续展审查制度推动市场结构优化

自2016年起，中国人民银行通过建立支付牌照续展审查制度，完善市场准入和退出机制，对经营能力欠缺、经营业绩不良或存在严重违规经营行为的支付机构，通过业务调整、业务合并、不予续展等方式，促使其退出支付市场。2017年6月，中国人民银行公布了第四批93家非银行支付机构牌照续展结果，9家机构续展失败。自2011年5月起，中国人民银行累计发放非银行支付机构牌照271张，已注销牌照28张，部分经营能力贫弱或存在严重问题的支付机构被淘汰出局，有效净化了行业整体环境。

二、客户备付金集中存管逐步落地，有效维护客户资金安全

一直以来，中国人民银行将支付机构挪用客户备付金列为"监管红线"。支付机构在多家银行开立账户存放备付金，其中规模巨大且存放分散的备付金，存在被挪用的风险。一些支付机构违规占用客户备付金购买理财产品或其他高风险投资，并通过备付金账户办理跨行资金清算，偏离了提供支付服务的主业。基于此，中国人民银行持续探索研究防控客户备付金风险的有效机制，将备付金的集中存管作为有效抓手。2017年1月，中国人民银行下发《关于实施支付机构客户备付金集中存管有关事项的通知》（银办发〔2017〕10号），明确规定自2017年4月17日起，支付机构应将客户备付金按照一定比例

交存至指定机构专用存款账户，该账户资金暂不计付利息。支付机构应该以10%~24%不等的比例交存客户备付金。2017年12月，中国人民银行下发《关于调整支付机构客户备付金集中交存比例的通知》（银办发〔2017〕248号），要求非银行支付机构将客户备付金交存至在央行开立的专用存款账户，备付金交存比例从20%左右逐渐提高至不低于50%。截至2017年12月，已实现集中存管备付金近1 000亿元。

客户备付金集中存管制度的出台和逐步落地实施，从根本上防范了资金挪用风险，保障了消费者资金安全，有利于引导支付机构逐渐摆脱对备付金利息收入的依赖心理，加大支付主业投入创新力度。

三、网联平台正式投产运行，促进支付市场公平与效率提升

在直连模式下，支付机构在商业银行多头开户、多头连接，监管部门无法监控资金流向，让诈骗、洗钱等犯罪行为有了可乘之机。针对以上问题，中国人民银行依托行业协会组织建设了非银行支付机构网络支付清算平台（以下简称网联平台），为支付机构提供统一、标准、公共的资金清算服务。2017年3月底，网联平台启动试运行。6月30日，网联平台启动业务切量。2017年8月，经中国人民银行批准，网联清算有限公司（以下简称网联）在京正式注册成立，职能定位于处理非银行支付机构发起的涉及银行账户的网络支付业务，以及为支付机构提供风险防控、纠纷协调等服务。

网联平台的建立，将取代原有非银行支付机构与商业银行的直连模式，实现网络支付资金清算的集中化、规范化、透明化运作，为支付机构提供统一、公平的转接清算服务。在接入网联平台后，支付机构将回归支付通道本质，支付机构在灰色地带拓展业务，从监管空白处套利的情形将无法延续。网联平台的建立，不仅有助于优化市场格局，提升市场运行效率，而且有利于监管机构开展反洗钱、金融监管、货币政策调节、金融数据分析等工作。

四、严打违规无证经营支付业务行为，有效整肃市场秩序

为整肃支付清算秩序，遏制市场乱象，2017年11月，中国人民银行下发了《关于进一步加强无证经营支付业务整治工作的通知》（银办发〔2017〕217号），全面检查并严

厉惩处持证机构违规为无证经营支付机构提供支付清算服务的行为。截至2017年末，全国已摸排认定无证经营支付机构共计243家，对其中的141家已完成清理处置。经过集中整治，违规转接支付通道的情形得以有效遏制，有效净化了支付市场环境，促进了市场公平竞争。

五、移动支付相关标准陆续出台，助力提升业务规范性及安全性

2017年，移动支付业务规模的快速增长为消费者提供极大支付便利的同时，也带来了隐私信息泄露、敏感数据传输、盗窃诈骗事件高发等问题。对此，中国人民银行陆续出台了多项移动支付标准，规范移动支付业务，有效保护消费者合法权益。

2017年12月，中国人民银行印发金融行业标准《移动终端支付可信环境技术规范》（JR/T 0156—2017），对提升移动终端支付环境安全、防范电信欺诈起到重要指导作用。随后中国人民银行发布《〈条码支付业务规范（试行）〉的通知》（银发〔2017〕296号），并配套印发了《条码支付安全技术规范（试行）》和《条码支付受理终端技术规范（试行）》（银办发〔2017〕242号），明确了对于持有互联网支付资质的支付机构，只允许为网络特约商户提供付款条码支付服务，并对条码支付的限额、验证要素等风险控制措施提出了细化的要求。标准的发布实施促进了支付机构提升业务、技术的安全性和规范性，降低了条码支付市场的内在风险，为支付业务健康发展保驾护航。

第三节　互联网支付的主要问题与挑战

一、网络支付行业欺诈联防机制及能力有待建立提升

现阶段，反欺诈与电信网络欺诈、网络支付欺诈之间的博弈斗争持续升级，网络诈骗已形成规模化、专业化产业链条，借力先进技术不断升级攻击系统、盗用信息手段，公众信息资金安全所受威胁程度并未明显减轻。2017年，包括中国人民银行在内的多部委继续联手，强化打击电信网络违法犯罪力度，形成合力，在联合防御打击方面成效显著。行业协会建立了风险信息协查系统，银联卡清算机构搭建了包括伪卡风险防控、互联网欺诈防控在内的防欺诈体系，传统金融机构及新型支付机构均通过加强账户分级管理、构建升级反欺诈模型提升反欺诈能力。

在打击网络欺诈的外部配套环境方面，社会信用体系建设仍在推进完善。未来仍需市场与监管联动发力，从加强征信体系建设、消费者教育等社会环境培育，巩固跨部门行业联防机制，提升行业主体反欺诈技术水平与反欺诈模型迭代技术等层面，共建欺诈风险联防机制。

二、客户身份、交易真实性验证问题需进一步关注

保障网络支付安全的重要一环是客户身份、交易真实性验证。受持续提升验证有效性、可靠性需求驱动，在对客户身份标识物（如银行卡、身份证）及对不同客户特定对应信息（如账号、密码、密钥）进行验证的传统验证方法外，新兴技术如生物特征识别技术已越来越多地应用于业务实践。生物特征识别采集人与生俱来的生物特性，如指纹、虹膜、声纹等，天然具备唯一性、长期性、固定性特征，与传统验证方法相比，在防范篡改盗用风险，提升安全性方面优势突出。但同时，新技术的应用带来一定的风险问题，如新技术应用的业务、技术标准出台相对滞后，造成不同国家地区、不同技术提供方及市场主体所采用的算法各不相同，在验证精准度等方面一定存在差异，形成新的

安全防御滞后或缺失。另外，生物特征识别信息仍面临采集、存储、应用过程中被盗用、未经所有人许可被转卖、出售、滥用的风险，对消费者利益形成损害。

三、支付机构差异化优势面临终结，业务不断创新或为新契机

直连时代的终结，意味着所有支付机构的金融渠道能力都将站在同一起跑线上，支付机构不能再以低成本的通道费率和通道数量实现差异化竞争，这对于部分以支付通道服务为主业的支付机构而言必然会面临产品同质化的问题。面对日趋激烈的市场竞争，第三方支付企业迫切需要通过产品创新、业务创新和服务创新来避免同质化，规范业务发展，集中精力经营与创新，提升支付服务效率和水平，发挥专业化优势，探索更加优质的服务来提升核心竞争力，保证企业持续健康发展。

四、支付机构参与国际竞争，面临诸多挑战与风险

随着"一带一路"的实施，支付机构响应"走出去"的行动，布局发展跨境支付业务。然而，参与国际竞争必将会面临更多挑战和风险，如国际监管环境复杂、合规要求高、跨境业务风险复杂多样等。

支付机构在布局全球市场时，既要保持与当地监管机构的密切沟通，严格按照相关法律法规的要求开展业务，还要研究、分析并适应不同国家和地区风险的特点与规律，不断调整风控规则，优化风险预警与处置机制，实现欺诈风险实时预警、实时处理，完善消费者权益保护体系。在实际操作过程中，大多数国内企业对境外不同国家和地区的监管要求了解甚少，能够获得相关信息的渠道较为分散，很难系统获取官方途径发布的权威信息。此外，部分国家和地区的监管体系本身还在不断完善中，支付机构需提升敏感度与预见性，来应对可能不断变化的政策和法规。因此，既要在宏观层面加强区域间监管协调与合作，逐步建立新型监管协调机制，又要在市场层面加强支付机构自身信息获取和整合能力，积极适应各国监管要求，加强与国际组织、反欺诈反洗钱机构的合作，利用金融科技成果，监测资金流向并甄别支付风险，在合法合规的前提下开展业务。

第四节　互联网支付的发展趋势与展望

随着网络通信技术和支付技术的进步升级，支付产品和服务的持续创新，应用场景的扩充丰富，支付安全性的巩固提升，互联网支付的渗透性、扩张力仍十分强劲，并将在今后的一个时期内保持快速增长势头。与此同时，互联网支付与社交媒体、生活消费、金融理财等行业深度融合，给消费者的行为习惯、消费方式及生活方式带来了深刻影响。

一、支付机构着力深耕综合服务领域，持续提升"支付+"内涵

目前，支付市场网络支付业务格局已相对成熟稳定，对C端提供的服务已覆盖到个人衣食住行、投资理财、文化娱乐、生活缴费等高频支付场景。相较之下，B端网络支付业务创新潜在空间巨大。在此情形下，支付机构普遍加快对公支付市场布局，以支付服务为工具，进入高附加值服务领域。围绕行业支付、资金结算、业务营销中的痛点，提供如支付融资综合解决方案、供应链金融支付服务等。支付机构在为企业提供资金支付服务的基础上，叠加提供分账、融资、信息管理等综合服务，进一步书写了支付服务内涵，提升支付机构服务能效和收益，挖掘和激发了支付行业潜在活力。

专栏　打造"支付+金融+数据"的综合服务能力

通联网络支付服务股份有限公司（以下简称通联支付）是中国万向控股有限公司、新华人寿等机构共同投资的基于第三方支付的金融科技服务企业，其获得全类型支付牌照及跨境支付牌照（包括人民币及外币）的同时，还拥有基金支付及销售牌照、商业保理牌照、互联网小贷公司牌照，为输出"支付+金融+数据"综合服务打下了坚实基础。通联支付立足于前景广阔的金融科技领域，紧密围绕各行业客户、

金融机构以及个人用户的核心需求，努力打造基于行业场景的综合支付服务体系和基于支付的金融科技服务生态，为银行、保险、证券基金、互联网金融、商旅酒店、房地产、教育、汽车、餐饮商超等多行业提供全方位、定制化的聚合支付和金融服务方案，致力于客户服务升级，努力在价值互联的产业生态网络中为多方创造价值。

二、"走出去"政策支持及市场机遇充分，跨境支付业务增长显著

随着跨境电商的快速发展，跨境支付需求不断增长。2017年，非银行支付机构跨境互联网支付交易笔数为12.6亿笔，金额为3 189.5亿元，分别比上年增长114.7%和70.97%，其中单位客户办理跨境互联网支付业务5.6亿笔，金额1 424.7亿元；个人客户办理跨境互联网支付业务7.0亿笔，金额1 764.8亿元，存在较大的增长潜力。

国内市场主体业务推广加快走出国门，也带动了以我国为核心的技术标准向世界范围的推广普及。2017年7月，在中国银联的积极推动下，国际芯片卡及支付技术标准组织（EMVCo）在其官网正式向全球发布《EMVCo用户出示二维码模式技术规范1.0版》，为二维码支付的全球推广与应用打造了一套权责明晰、具有全球实施可行性的技术解决方案。

未来市场主体将依托境内外卡组织，整合全球支付+消费者+商户网络，最终为全球电商和消费者交易提供无缝高效的支付服务，不断提升我国网络支付在国际社会中的核心竞争力。

专栏 构建跨境电商全服务开放平台

2017年，为解决跨境收款领域中跨境回款资金链路长、收款价格高昂等痛点，连连支付正式上线跨境收款产品，帮助跨境电商卖家安全高效地收回账款，实现了包含

美元、日元、欧元、英镑、澳元、加元六个币种在内的亚马逊全币种收款，通过一个账号覆盖Amazon、eBay、Wish、Cdiscount等海外各大主流电商平台多个账户，且支持英国、德国、法国、意大利、西班牙、捷克、波兰七国的跨境付款，帮助中国跨境电商出口卖家完成资金的高效流转，为卖家搭建一套集多店铺统一管理、账户收款、供应商付款、增值税付款、融资贷款于一体的完整跨境电商资金生态体系。用户不仅可以体验到最安心的资金服务，还可以获得额外的增值服务。

三、生物识别技术应用于网络支付，有效提升支付便捷性与安全性

当前，指纹、人脸、虹膜等生物识别技术在网络支付领域已不再是陌生词汇。用户在支付环节不需要输入密码，通过对采集的指纹、人脸等生物特征与数据库中存储信息比对完成验证，简化了认证流程，节省了认证时间，也避免在输入密码时被盗取信息的风险。生物识别技术已应用于APP登录时的身份验证环节，部分线下零售店也开始用此技术进行付款。

多家市场主体正在尝试将人脸、指纹、虹膜、语音、静脉等生物特征识别技术与其他安全有效的技术手段用于客户身份识别和交易验证，并研究相关信息采集、处理、应用、储存等环节的标准规范，保障客户信息安全。

四、移动支付在便民服务及普惠金融领域表现出色

在便民服务领域，支付机构对支付渠道进行聚合，一码支持银行卡、支付宝、微信等多种支付方式，满足特约商户和小微商户多样化的收款及分账需求，降低商户运营成本。如在公共交通领域，推出了乘车二维码支付产品，客户直接用手机扫描二维码完成购票进出站，省去了充值刷卡或排队购票等繁琐程序。在医疗领域，支付机构联合医疗机构通过APP或微信公众号实现了移动端挂号、付费、就诊、取药、评价一体的综合服务，患者还能享受远程会诊、在线复诊等增值服务，显著优化了客户体验。在餐饮娱乐领域，支付机构联合餐饮商户推出智能收银产品，客户通过扫码产生订单可直达厨房各

个档口，支持多人加菜、呼叫服务员、餐后付款等功能，通过打通餐厅与顾客的实时通信能力，加速了餐饮数字化进程。

在普惠金融领域，支付机构结合移动互联网技术，通过创新移动金融产品、优化业务流程等，让客户通过手机轻松实现提现、转账、投资理财、资金管理等方面的操作。特别是面向有非现金支付需求但是没有机具安装需求的小微商户、农牧户，通过提供移动支付服务，满足其收款、付款、转账需求，有效填充了传统金融服务尚不能充分惠及的服务空白和缝隙。从2014年至2017年，市场主体移动支付交易笔数和金额增长强劲，增长趋势依然明显，以移动支付为引领方向的网络支付在便民支付、普惠金融领域中的作用将越来越显著。

专栏　为小微商户提供便捷的支付解决方案

以富友支付旗下的富掌柜为例，富掌柜是一款集成各种支付方式的解决方案，通过通信链路的优化，使单笔支付交易在2秒内完成，贴近小微零售商户快捷高频的场景。此外，还为小微商户提供营销+会员管理的解决方案。由于小微商户一般不太可能有专业、专职的人员管理营销，富掌柜的优势体现在无人工干预，配置简单，支付即获积分、支付即获抵扣，商户只需要根据自身情况配置积分抵扣比例，其他可以交给系统完成，实现智能化。同时消费者也不用安装任何专属软件或APP，在社区类复购率较高的消费场景，消费者和商户可以通过这种模式，建立起更紧密的关系。针对商家的经营活动，富掌柜推出适用中小微商户的会员营销管理平台，包含卡券核销、财务管理等增值附加功能，并开放商家自主开发的APP植入硬件中。当前，该方案已覆盖全国50万家商户，帮助商户完成零售中的支付结算、客户管理等各种需求，致力于为新经济大潮下的新零售、新餐娱类商户提供创新、智能高效的服务。

第三章
个体网络借贷

- 2017年个体网络借贷发展情况
- 个体网络借贷的发展环境
- 个体网络借贷的主要问题与挑战
- 个体网络借贷的发展趋势与展望

2017年，网络借贷平台数量持续下降，行业成交量和参与人数增速放缓，发展集中度进一步提高，平均借款期限持续稳步增长，行业风险进一步下降。随着《网络借贷资金存管业务指引》（银监办发〔2017〕21号）及《网络借贷信息中介机构业务活动信息披露指引》（银监办发〔2017〕113号）等规章制度的相继出台，P2P网络借贷行业"1+3"监管制度框架已基本形成，为行业规范发展进一步指明了方向。

第一节　2017年个体网络借贷发展情况

一、平台数量持续下降，行业成交量和参与人数增速放缓

全国P2P等网贷行业运营平台数量持续下降。截至2017年末，全国运营平台有2 625家，比上年末减少269家，降幅为9.3%。其中，上半年运营平台减少214家，下半年减少55家。

网贷行业交易规模增长率放缓。截至2017年末，全国平台的贷款余额为11 953.6亿元，比上年末增加3 919.8亿元，增长率为48.8%，较去年增速下降35.3个百分点；全年贷款累计发生额25 779.1亿元，比上年增加5 804.4亿元，增长率为29.1%，较去年增速下降71.9个百分点。

网贷行业参与人数逐月稳步增长，但增速放缓。截至2017年末，历史累计参与人数（含借款人和出借人）11 850.6万人，比上年末增加6 741.8万人。具体而言，借款人数8 028.3万人，比上年末增加5 572.8万人，增长226.9%，较去年增速下降52.8个百分点；出借人数3 822.5万人，比上年末增加1 169.1万人，增长44.1%，较去年增速下降69.2个百分点。借款人数增幅远高于出借人数增幅。其中，借款人数在年中增速较快，至年末已是出借人规模的2.0倍（图3-1）。

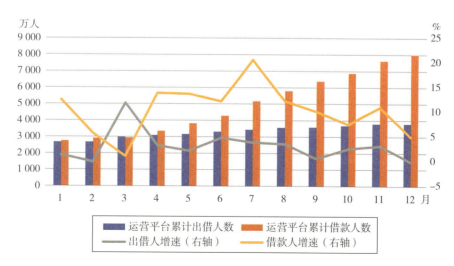

数据来源：中国互联网金融协会整理。

图3-1　2017年P2P等网贷行业出借人数和借款人数走势

二、行业发展集中度进一步提高

截至2017年末，P2P等网贷行业运营平台数量从高到低前六名的地区分别是：广东、北京、上海、浙江、山东和江苏。其运营平台数量分别为476家、461家、405家、352家、115家、99家，共计1 908家，占全国平台总数的72.7%，比上年末提高2.7个百分点（图3-2）。P2P等网贷行业运营平台按贷款余额从高到低的前六名地区分别是：北京、上海、广东、浙江、江苏、四川，其贷款余额分别为4 689.6亿元、3 515.1亿元、1 787.2亿元、889.8亿元、186.6亿元和137.1亿元共计11 205.5亿元，占全国贷款余额的93.7%，同比提高0.1个百分点。

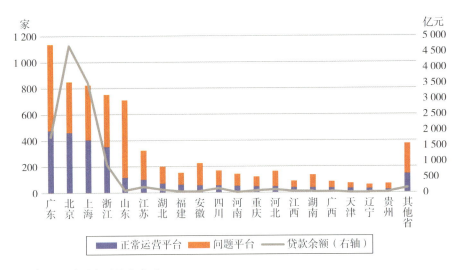

数据来源：中国互联网金融协会整理。

图3-2　2017年末P2P等网贷行业平台数量及规模分地区情况

三、行业平均收益率整体平稳，波动较小

截至2017年末，P2P等网贷行业的出借人平均收益率为9.4%，同比增加0.1个百分点。全年行业平均收益率呈小幅波动态势，3月为最低点，收益率为8.9%（见图3-3）。在2 192家有详细数据的运营平台中，收益率低于12%的平台有1 212家（其中，收益率低于8%的平台240家，收益率在8%~12%的平台972家），占总运营平台数的55.3%，比去年同期低6.7个百分点。

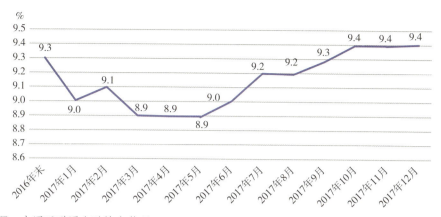

数据来源：中国互联网金融协会整理。

图3-3　2017年P2P等网贷行业出借人平均收益率走势

四、平均借款期限持续稳步增长

2017年，P2P等网贷行业的平均借款期限为10.0个月，比上年增长了1.6个月。从借款期限的分布来看，现阶段P2P等网贷行业短期借款占比较高，1年期以上借款仅占2.9%。截至2017年末，2 192家有详细业务数据的运营平台中，借款期限在6个月以下的平台有1 239家，占运营平台总数的56.5%，占比同比下降了12.5个百分点。其中，借款期限在1~3个月的平台有570家，占运营平台总数的26.0%；借款期限在3~6个月的平台602家，占比27.5%（图3-4）。

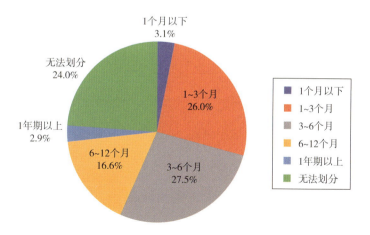

注：本图中"无法划分"的原因是获取平台期限相关数据难度较大。
数据来源：中国互联网金融协会整理。

图3-4　各借款期限区间平台数量占比

第二节　个体网络借贷的发展环境

一、监管制度框架基本搭建完成，专项整治工作取得显著成效

2017年是网贷行业落实互联网金融风险专项整治工作要求、全面推进合规化进程的关键一年。这一年，中国银监会、中国人民银行等金融监管部门陆续出台了一系列的规范办法，为网贷行业规范发展设置了"红绿灯"。2017年2月，中国银监会发布了《网络借贷资金存管业务指引》（银监办发〔2017〕21号，以下简称《存管指引》），明确了网贷资金存管业务应遵循的基本规则和实施标准。2017年8月，中国银监会印发了《网络借贷信息中介机构业务活动的信息披露指引》（银监办发〔2017〕113号，以下简称《信披指引》），规范了网络借贷信息中介机构业务活动的信息披露行为。《存管指引》《信披指引》与《网络借贷信息中介机构业务活动管理暂行办法》（银监会令〔2016〕1号）、《网络借贷信息中介机构备案登记管理指引》（银监办发〔2016〕160号）共同构成了网贷行业"1+3"的监管制度框架，明确了网络借贷平台信息中介的定位，确立了引导行业遵循"回归本源，服务于实体经济发展"的总体原则，有助于防范网络借贷风险，保护消费者权益，加快行业合规进程。

2017年，随着互联网金融风险专项整治工作逐步深入，行业各种乱象也得到及时有效地治理。例如，近年来野蛮发展的"现金贷"、校园贷、首付贷等业务，存在一系列诸如利率畸高、侵犯用户隐私、暴力催收等问题，偏离了正确的创新轨道，导致"劣币驱逐良币"，扰乱了经济和社会秩序。为促进行业健康有序发展，金融监管部门于2017年先后出台了《关于开展"现金贷"业务活动清理整顿工作的通知》（网贷整治办函〔2017〕19号）、《关于进一步加强校园贷规范管理工作的通知》（银监发〔2017〕26号）、《关于规范整顿"现金贷"业务的通知》（整治办函〔2017〕141号）等政策文件，并开展对相关乱象的整治，有效化解了"现金贷"、校园贷等业务发展带来的风险。

2017年12月，银监会向各地印发《关于做好P2P网络借贷风险专项整治整改验收工作的通知》（网贷整治办函〔2017〕57号），对下一步整改验收工作做出了具体详细的部署，有助于促进实现行业市场出清、扶优抑劣、规范纠偏，确保行业向常态化监管稳步过渡，引导行业守住法律底线和政策红线，坚持小额分散的经营理念，回归信息中介本质。随着网贷行业相关政策的出台及互联网金融专项整治工作的深入，网贷行业在经历野蛮生长阶段后，已经步入了规范发展的道路。

专栏 关于网络小额现金贷款业务的风险提示

针对"现金贷"相关乱象，2017年11月，中国互联网金融协会发布了《关于网络小额现金贷款业务的风险提示》，以下为正文内容：

根据中国互联网金融协会监测，近期通过互联网为个人提供小额现金贷款服务的机构快速增加，其中有的机构不具备放贷资质且存在以不实宣传吸引客户、暴力催收以及收取超高额利息及费用（以下简称息费）等问题，这种行为的蔓延容易在局部地区引发金融风险和社会问题，扰乱经济和社会秩序。为此，中国互联网金融协会郑重提醒提供网络小额贷款服务的相关机构应合规发展、审慎经营，广大消费者应理性借贷、合理消费。

相关机构应当严守法律底线，不具备放贷资质的应立即停止非法放贷行为，具备合法放贷资质的应主动加强自律，合理定价，确保息费定价符合国家相关法律法规要求。同时，加强授信资质审核和风险管理，履行金融消费者教育义务，如实开展信息披露，对息费定价进行重点提示，不得以不实宣传误导金融消费者接受与其风险认知和还款承受能力不相符合的服务和产品。相关机构应遵守国家法规，依法规范贷后催收行为，不得以暴力催收或骚扰无关人员。

广大金融消费者应注意学习了解金融知识和增强维护消费权益的意识，在购买金融产品和服务时应当认真阅读并了解相关服务和产品合同条款，评估自身还款能力，避免因过度负债造成征信污点和经济损失；对于显失公平的借贷合同，消费者可以通过民事司法手段予以撤销、变更，并运用法律手段维护合法权益；如发现非法金融活动，消费者应当向有关监管机关或中国互联网金融协会举报，对其中涉嫌违法犯罪的，应当及时向公安机构报案。

中国互联网金融协会

2017年11月24日

二、行业自律标准规则陆续出台，引导从业机构健康发展

为促进行业规范健康发展，中国互联网金融协会积极发挥行业自律作用，根据自身职责定位，陆续制定和实施了相关自律标准及规则，在监管政策明确的领域，通过完善标准规则有力推动监管政策执行，保障政策落地，在监管政策尚未出台的领域，充分发挥标准先行先试作用，规范引导市场方向，弥补制度空白。

按照急用先行的原则，中国互联网金融协会于2017年发布实施《互联网金融　信息披露　个体网络借贷》（T/NIFA 1—2017）团体标准，在保持与银监会《网络借贷信息中介机构业务活动信息披露指引》一致性的同时，进一步细化了监管政策要求，帮助了政策实施落地。同时，为解决资金存管中"存管银行标准不一""假存管""只存不管"等问题，中国互联网金融协会于2017年先后出台《互联网金融　个体网络借贷　资金存管系统规范》（T/NIFA 3—2017）团体标准及《互联网金融　个体网络借贷　资金存管业务规范》（T/NIFA 4—2017）团体标准，明确了资金存管在业务和系统等方面的要求，有助于推动网贷行业资金存管业务的规范开展。此外，中国互联网金融协会发布实施《互联网金融　个体网络借贷　借贷合同要素》（T/NIFA 5—2017）团体标准，明确借贷双方主体及其权责，确保借贷合同的完整性和一致性，有助于保护互联网金融消费者合法权益，促进行业规范健康发展。

为推动资金存管相关标准落地实施，推进网贷行业风险专项整治工作，2017年11月，P2P网络借贷风险专项整治办与中国互联网金融协会联合发布了《关于开展网络借贷资金存管测评工作的通知》（网贷整治办函〔2017〕49号），规定了网贷资金存管测评

工作的依据、范围和流程，明确依据协会相关标准，采取现场和非现场结合方式，对商业银行存管流程的合规性、完整性进行综合测评。

专栏　网络借贷资金存管测评

自P2P网贷整治工作全面开展以来，一些商业银行在开展资金存管业务过程中存在诸多问题，如银行存管标准不一、落实不到位等。为了更深入地推动网贷整治验收工作，2017年11月27日，P2P网络借贷风险专项整治工作领导小组办公室联合中国互联网金融协会，向各省市网贷整治办及多家银行下发《关于开展网络借贷资金存管测评工作的通知》（网贷整治办函〔2017〕49号）。测评主要对象为截止至2017年10月31日已开展网贷资金存管业务且已存在上线网贷机构的商业银行。后续将持续对已开展网贷资金存管业务且已存在上线网贷机构的商业银行进行测评，全面落实网络借贷资金存管测评。测评工作按照"标准统一、质量优先、客观公正、实事求是"的原则，采用评级制，在首次测评未达标的商业银行可再次提交申请，但仅一次再次申请机会，且需在收到首次测评结果通知书的3个月之内提交。对于通过测评的商业银行，中国互联网金融协会将会统一公示，并在后期进行定期、不定期的抽检、公示。在此次网络借贷资金存管测评工作中，中国互联网金融协会担任测评工作实施部门，负责制定规则、资料收集、实施评审、结果汇总等工作，全国网贷整治办负责政策指导并就测评工作进行监督检查。

三、行业基础设施不断完善，为促进行业规范发展提供支撑

2017年6月5日，中国互联网金融协会正式上线"全国互联网金融登记披露服务平台"，旨在向监管部门监测和社会公众查询提供集中式入口，营造行业统一规范，塑造公平公开的信息披露环境。截至2017年12月底，全国互联网金融登记披露服务平台接入了117家网贷平台并披露了其基本信息和运营信息，其中有116家平台披露了2016年的财

报情况。全国互联网金融登记披露服务平台的上线运行，有效降低了信息不对称性，解决了各家平台披露差距大、尺度不一等问题，有利于更好地保障投资者的合法权益。同时通过社会公众的监督作用，能够促进形成良好的信息披露环境，加快行业透明化、阳光化进程。

为降低行业"多头借贷"存在的风险隐患，2017年，中国互联网金融协会加快了互联网金融信息共享平台建设，开放了平台查询功能，不断推进行业信用体系建设。2016年9月互联网金融信息共享平台开通，截至2017年12月，平台累计接入机构从17家增至105家，基本实现开展个人负债业务会员机构全覆盖，收录自然人借款客户3 900多万人，入库记录3.2亿余条。同时，在中国人民银行的指导下，协会牵头组建了市场化个人征信机构，并于2017年12月完成签署组建百行征信有限公司的各项法律文件。为加强互联网金融行业风险监测，中国互联网金融协会在2017年3月开通了统计监测系统（一期），采集347项总量数据指标，截至2017年12月底，近300家机构接入报数，其中网贷行业报数机构交易规模占行业比重超80%。2017年8月，协会开通互联网金融统计监测系统（二期），对P2P网贷行业逐笔明细指标进行采集，指标数量达上千个，实现了以接口方式每日报送。

专栏　全国互联网金融登记披露服务平台

按照《关于促进互联网金融健康发展的指导意见》有关要求和国务院互联网金融风险专项整治工作部署，依据《网络借贷信息中介机构业务活动管理暂行办法》等要求，中国互联网金融协会在监管部门指导下，积极研究制定信息披露和产品登记业务标准和配套自律规则，先后发布了《互联网金融　信息披露　个体网络借贷》《互联网金融　个体网络借贷　借贷合同要素》相关标准，并于2017年6月建立了集中式、防篡改的全国互联网金融登记披露服务平台（以下简称登记披露平台），并组织相关网络借贷类机构接入登记披露平台，集中开展信息披露和产品登记。

登记披露平台的上线运行，为网络借贷行业营造了统一规范、公平公开的信息披露环境，实现了信息公开透明的正向激励约束机制。协会通过强化自律管理和宣传教育，促进登记披露平台各接入机构增强合规披露意识，提高定期披露信息的及时性、完整性和规范性，并接受社会的监督。目前，登记披露平台已成为行业监管和自律管理的重要手段，越来越多的社会公众、专业媒体、研究机构通过平台深入挖掘各接入机构的股东背景、经营情况、业务发展以及合规整改进展，对发现的问题和风险进行提示，既帮助了社会公众发现问题平台规避风险，又有力地促进了相关机构正视自身问题并加以改进，客观上起到了"扶优抑劣"的作用，社会效益日益显现。此外，与各机构分别在自身网站披露信息的方式相比，登记披露平台的集中式披露使得接入机构不能随意篡改披露信息，保障了披露的严肃性。

同时，协会按照国务院互联网金融风险专项整治工作部署，加快产品登记相关工作，利用登记披露平台产品登记系统逐笔登记接入机构所撮合的借贷合同，有助于解决网贷机构证据留存及消费者借贷权属确认等问题，同时将为配合监管部门实施穿透式监管提供基础依据。

四、中国互联网金融协会成立网络借贷专业委员会

根据中国人民银行等十部门发布的《关于促进互联网金融健康发展的指导意见》与银监会等四部门发布的《网络借贷信息中介机构业务活动管理暂行办法》，2017年3月，中国互联网金融协会组织建立了网络借贷专业委员会（以下简称网贷专委会）。

网贷专委会是经协会第一届常务理事会第三次会议审议通过的，在协会下设的专业委员会，其主要职责包括：制定网络借贷自律管理规则、经营细则和行业标准；组织实施教育从业机构遵守法律法规和网络借贷有关监管规定，组织开展合规及风险教育培训；依法开展网络借贷从业机构的自律管理及检查，维护网络借贷市场秩序，以及法律法规、网络借贷有关监管规定与协会理事会赋予的其他职责。

2017年，网贷专委会在行业交流沟通、标准规则、基础设施建设以及课题研究等方面积极开展工作，取得了显著成效，切实在行业治理体系中发挥了积极作用。一是做好上通下达工作，让监管更加及时有效地掌握行业发展态势以及存在的风险，让从业机构更准确地理解监管政策要求和发展导向，为互联网金融风险专项整治工作做好支撑，防

控化解网贷行业风险。二是引导从业机构以服务实体经济为出发点和落脚点，发挥网贷行业在服务小微、服务普罗大众方面的优势，推动从业机构更好地服务实体经济、发展普惠金融。三是积极参与行业长效机制建设，发挥专委会在行业治理体系中的作用，凝聚共识、汇聚智慧、形成合力，共谋行业发展大局。

第三节　个体网络借贷的主要问题与挑战

一、行业风险形势依然错综复杂

自2016年4月互联网金融风险专项整治工作启动以来，网贷行业开启了合规整改进程，行业风险水平整体下降，行业集中度稳步上升，行业发展环境逐步净化。但同时应清醒地看到，网贷风险形势依然错综复杂，行业鱼龙混杂的情况依然存在。一方面，部分打着网贷旗号打"擦边球"或从事非法金融活动的平台，其隐藏的风险随时可能爆发；另一方面，部分网贷平台前期偏离信息中介的定位较远，自身的合规整改意识、经营管理水平和风控能力不足，在整改的过程中存在较大困难。例如，产品设置未充分考虑极端情况下的流动性冲击；对无固定期限或较短期限的产品，未在合同中设置限制性条款；产品结构中短期产品比重过大；对于规模企业的借款依赖度过高等。这些问题的集中发生易导致平台逾期率上升、抬高行业整体风险水平。

二、合规整改落地仍需时间

2017年是网贷行业合规整改加速推进的一年，但在合规整改过程中，仍有不少问题有待进一步解决。例如，各地方网贷行业监管要求和标准不一致，或在中央政策之外提出地方性要求，或对中央政策存在不同解读，造成操作层面的合规整改差异较大。由于网贷行业通过网络面向全国开展业务，不受地域限制，因此业务标准和规则应全国统一，避免造成监管套利、监管竞次等问题。部分网贷平台合规整改意识不足，存在与监管博弈的侥幸心理，导致整改进程推进缓慢。一些平台发展时间不长，公司治理机制不够完备，董监高履职机制、风控能力建设、内控能力建设也均存在一定缺陷。

三、良性退出机制尚待完善

随着互联网金融风险专项整治工作的不断推进以及市场环境的变化，将会有大批的网贷平台面临退出的问题。制定完善的市场退出机制尤为重要，否则会导致网贷平台存在"甩手"退出、卷款跑路的情况，易引发群体性事件和社会风险，不利于整个行业的健康发展。此外，由于网贷平台准入门槛较低，实际控制人决策多变，股权变更随意，信息不对称导致接盘者难以全面掌握其真实运营情况，易产生网贷平台非正常退出风险。良性退出机制的建立和完善，是合规整改有效落地过程中非常重要的基础和保障。

四、行业发展受外部环境影响较大

在行业监管和自律组织的持续推动下，网贷行业在信用建设、消费者教育等方面均取得一定成效，但行业发展的整体外部环境仍有待继续改善。例如，借款人逃废债问题未彻底解决，部分借款人恶意拖欠借款、甚至恶意举报平台，进入平台的投资人交流群散布虚假消息，希望平台倒闭后不还款的情况屡有发生，扰乱了市场正常秩序。同时，金融消费者仍有很强的刚兑预期。长期来看，仍需要网贷平台开展持续的金融消费者教育，打破刚兑、平衡风险收益结构。此外，网贷行业的舆论环境有待加强管控和引导。一些自媒体存在未经证实即散播不实言论的情况，损害了投资者的信心，加剧了相关风险的扩散。

第四节　个体网络借贷的发展趋势与展望

一、行业风险专项整治进入深水区

自互联网金融风险专项整治工作开展以来，互联网金融领域整体风险水平大幅下降，增量业务风险得到有效管控，存量业务风险得到有序化解，整治工作取得了显著成效。但目前，行业风险形势依然错综复杂，互联网风险专项整治工作仍将继续深入推进。未来，网贷行业监管制度体系将进一步完善，信息披露、资金存管等要求将更加严格明确，设立资金池、自融、非法集资等违法违规活动将得到严厉打击，坚持信息中介定位、依法合规开展业务成为大势所趋。

二、各项规则标准进一步明确，长效机制有待建立

2017年，网贷行业"1+3"的监管制度框架基本确立，未来，监管部门将在"1+3"的监管制度框架基础上进一步细化完善各项规则，研制实施关键领域和重点环节的行业标准规则，健全适应互联网金融创新特点的监管制度和要求，为网贷行业的整改验收夯实基础。例如，针对网贷行业准入门槛低、高管人员资质参差不齐等问题，将在网贷行业注册资本金、高管资质等方面出台相应规范标准进行细化完善。

三、行业基础设施覆盖范围进一步扩大，功能更加完善

随着互联网金融风险专项整治工作的不断推进，行业基础设施将在防范风险、促进行业规范健康发展方面提供更有效的支撑。随着机构合规意识的提升，积极拥抱监管、提升自我风险管理水平成为更多机构发展的需要，行业基础设施覆盖范围将进一步扩大，有助于监管部门全面掌握行业发展状况，进一步防范多头借贷等风险。同时，行业基础设施功能将不断丰富，有助于统筹运用统计数据、披露数据、信用数据、监督数据，加强数据交叉核验，进一步丰富统计监测相关产品的内容和层次类别，为实施穿透

式监管提供更有力的支撑。

四、行业规模得到有效控制，业务种类以小微为主

随着行业存量不合规业务得到有效化解，违规新增业务规模不断下降，前期存在资金池、大额标的等不规范经营行为的网贷平台正逐步整改或退出市场，网贷行业平台数量和业务规模均得到有效控制。未来在监管政策的引导下，网贷行业将持续发挥在服务小微、服务普罗大众方面的优势，坚持小额分散功能，定位线上经营模式，建立合理定价机制，帮助解决小微企业融资难、融资贵问题，更好地促进普惠金融发展。

第四章
互联网保险

- 2017年互联网保险发展情况
- 互联网保险的发展环境
- 互联网保险的主要问题与挑战
- 互联网保险的发展趋势与展望

2017年，在加强金融风险防控和推进互联网金融风险专项整治的背景下，互联网保险监管政策不断细化完善，我国互联网保险保费收入首次出现负增长，行业健康度和规范性有所提升，人工智能、大数据、区块链等保险科技持续助力行业变革。

第一节 2017年互联网保险发展情况

一、互联网保险保费收入首次出现下降，占保险业保费收入的比重连续两年下降

根据保监会发布的2017年保险业运行数据，我国互联网保险保费收入总额为1 835亿元，同比下降21.8%，全年保费收入较2016年减少512亿元。2017年我国保险业原保费收入3.7万亿元，同比增长18.2%，增速较2016年回落9.3个百分点，保险业原保费收入增长虽然出现一定程度放缓，但考虑到2016年的基数较高，2017年保险业原保费收入仍然保持了较快增长态势。2017年全年互联网保险保费收入占保险业原保费收入的5.0%，占比较2015年和2016年分别下降了4.2个百分点和2.5个百分点（图4-1）。2017年互联网保险签单件数124.9亿件，同比增长102.6%，其中退货运费险68.2亿件，同比增长51.9%；保证保险16.6亿件，同比增长107.5%；意外险15.9亿件，同比增长539.3%；责任保险10.3亿件，同比增长438.3%。

数据来源：中国保险行业协会，中国互联网金融协会整理。

图4-1 互联网保险收入规模及占比趋势

我国互联网保险行业经历过2011年至2015年的爆发式增长后，在2017年延续了2016

年保费增速大幅回落的特点，占保险业原保费收入的比重也明显下降，其主要原因与行业结构调整有关，商业车险费率改革进一步压缩了线上业务，通过互联网渠道销售的车险业务和投资型业务出现较大幅度下滑。值得注意的是，随着消费者保险意识的提高，保障功能较强的普通寿险业务发展较快，2017年通过互联网渠道销售的普通寿险原保险保费收入955亿元，同比增长99.3%，对互联网保险行业保费收入起到一定的支撑作用。根据保监会网站信息，2017年共有28家保险中介公司获批经营业务，其中包括10家代理公司、17家经纪公司和1家公估公司。保监会数据显示，近几年开展互联网保险业务的公司数量有所增加，传统保险公司大都通过自建网站、与第三方平台合作等模式开展了互联网保险业务。

二、互联网财产保险保费收入总体平稳，人身保险保费收入首现负增长

2017年，我国互联网财产保险保费收入为493亿元，较2016年同比负增长1.7%，占保险业财产保险保费收入的4.6%，同比下降1.1%。其中，互联网车险业务占比持续下滑，2017年互联网车险累计保费收入307亿元，同比下降23.0%，占互联网财产保险保费收入的62.3%，占比较2016年下降16个百分点；互联网非车险业务保持较快增长，2017年互联网非车险累计保费收入为186亿元，同比增长80.3%，占互联网财产保险保费收入的37.7%。

互联网财产保险保费收入增速放缓主要是因为监管部门对部分场景保险的合规整治和商业车险费率的市场化改革。自2015年商业车险费率改革实施以来，传统车险线上价格优势逐渐削弱，同时客户对黏性活动和附加服务线下场景的交互需求持续上升。互联网车险保费收入是互联网财产保险保费收入的主要来源，2015年以来互联网车险业务持续回流传统渠道，互联网车险保费收入持续下滑，进而导致互联网财产保险保费收入增长受到影响。

根据中国保险行业协会发布的《2017年互联网人身保险市场运行情况分析报告》，2017年互联网人身保险全年保费收入1 383亿元，同比下降23.0%，较2015年和2016年分别减少82亿元和414亿元，互联网人身保险保费收入首次出现负增长（图4-2）。在互联

网人身保险市场中，互联网人寿保险保费收入800亿元，较2016年减少695亿元，占互联网人身保险保费收入的57.8%，虽然仍为互联网人身保险业务的主力险种，但占比较2016年下降了25个百分点；年金保险保费收入为461亿元，占比为33.4%，成为第二大互联网人身保险险种；健康保险保费收入为59亿元，占比为4.3%；意外伤害保险保费收入为63亿元，占比为4.6%。

数据来源：中国保险行业协会，中国互联网金融协会整理。

图4-2　互联网财产保险和互联网人身保险保费收入规模

2017年，互联网人身保险业务中理财型业务的保费收入（包括万能险和投连险）合计297亿元，较上年减少880亿元，同比下降74.8%，降幅较大的原因是中短存续期产品新规，使得互联网理财型业务大幅收缩。2016年以来，监管部门发布了一系列针对中短存续期产品的严监管政策，受此影响，此前以万能险为代表的中短期存续产品保费收入规模大幅下降，这也使得互联网人身保险业务中包括万能险和投连险在内的理财型业务保费收入大量减少。

2017年，年金保险保费收入增长较快，同比增长86.4%，其中非养老年金保险收入385亿元，同比增长250.0%。这主要归因于我国正在经历全球规模最大、速度最快、持续时间最长的老龄化过程，老龄化也将成为我国经济发展面临的严峻挑战，目前养老保障仍以基本养老保险为主，企业年金和个人商业养老保险的规模较小。

三、互联网人身保险保费收入占比下降，财产保险保费收入占比回升

根据中国保险行业协会发布的《2017年度互联网人身保险和财产险市场运行情况报告》，2017年我国互联网人身保险保费收入占互联网保费收入的73.7%，占比较2016年下降9.1个百分点。同期互联网财产保险保费收入占互联网保费收入的26.3%，占比较2016年回升9.1个百分点[①]（图4-3）。截至2017年末，在61家经营互联网人身保险业务的人身保险公司中，48家公司通过自建在线官网商城开展经营，55家公司与第三方电子商务平台进行深度合作，其中47家公司同时采用官网和第三方合作的商业模式。

数据来源：中国保险行业协会，中国互联网金融协会整理。

图4-3 互联网财产保险和互联网人身保险在互联网保险保费总收入占比

2017年，人身保险公司通过第三方渠道实现规模保费1 230亿元，占互联网人身保险保费的88.9%，占比较2016年下降6.3个百分点；通过官网实现的规模保费为153亿元，占互联网人身保险保费的11.1%，规模保费同比增长77.3%（图4-4和图4-5）。全年累计官网流量达39.7亿人次，同比增长98.0%。目前互联网人身保险的渠道结构仍以第三方平台为主、自建官网为辅，但消费者通过保险公司官网投保比例有所上升。传统寿险公司积极布局自营官网，推出更多有竞争力的产品，自营官网的发展提升了保险公司的自运营

[①] 由于互联网保险业务中的人身保险和财产保险业务略有交叉，导致互联网保险保费收入略小于互联网人身保险保费收入和互联网财产保险保费收入合计数。

能力。

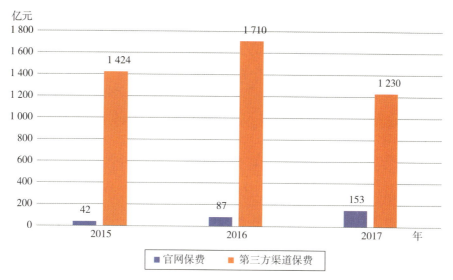

数据来源：中国保险行业协会，中国互联网金融协会整理。

图4-4　互联网人身保险不同渠道保费收入发展趋势

数据来源：中国保险行业协会，中国互联网金融协会整理。

图4-5　互联网人身保险不同渠道保费收入占比发展趋势

第二节　互联网保险的发展环境

一、监管政策完善细化，推动行业生态环境改善

2017年4月，保监会发布《关于强化保险监管打击违法违规行为整治市场乱象的通知》（保监发〔2017〕40号），该通知部署了八个方面的专项整治工作：一是整治虚假出资，切实解决资本不实问题；二是整治公司治理乱象，提升治理机制有效性；三是整治资金运用乱象，坚决遏制违规投资、激进投资行为；四是整治产品不当创新，坚决清退问题产品；五是整治销售误导，规范销售管理行为；六是整治理赔难，提高理赔服务质量和效率；七是整治违规套取费用，规范市场经营行为；八是整治数据造假，摸清市场风险底数。

2017年6月，保监会发布《保险销售行为可回溯管理暂行办法》（保监发〔2017〕54号）。该办法主要涉及可回溯实施范围和方式、管理内容、信息安全责任、内外部监督管理措施等方面，通过对保险公司、保险中介机构保险销售行为的可回溯管理，记录和保存保险销售过程关键环节，实现销售行为可回放、重要信息可查询、问题责任可确认、消费权益可保障，明确要求互联网保险机构应依据互联网保险业务监管的有关规定开展可回溯管理。

2017年7月，保监会发布《关于整治机动车辆保险市场乱象的通知》（保监财险〔2017〕174号），对互联网车险平台做出严格规定，要求各财产保险公司应加强对第三方网络平台合作车险业务合规性的管控；财产保险公司可委托第三方网络平台提供网页链接服务，但不得委托或允许不具备保险中介合法资格的第三方网络平台在其网页上开展保费试算、报价比价、业务推介、资金支付等保险销售活动。该通知是对《关于强化保险监管打击违法违规行为整治市场乱象的通知》的细化与落实，是配合治理车险乱象和推进二次费改的"组合拳"，将促进互联网车险市场的规范发展，维护消费者的合法权益。

2017年9月，保监会发布《关于在互联网平台购买保险的风险提示》，提醒消费者在互联网平台购买保险时着重要注意以下风险：一类风险是产品宣传暗藏欺诈，消费者在互联网平台购买保险时一定要仔细阅读保险合同；另一类风险是一些不法分子利用互联网平台虚构保险产品或保险项目，假借保险之名非法集资。消费者要合理评估自身需求，选择符合自身保险保障需求的保险产品，不盲目相信高收益宣传，不随意在可疑网站提供个人信息，自觉抵制诱惑。

二、中国互联网金融协会成立互联网保险专业委员会

2017年12月，中国互联网金融协会互联网保险专业委员会（以下简称互联网保险专委会）在国家金融监管部门的指导下，凝聚政产学研多方力量，以互联网保险理论实务和国际经验研究为先导，以研制行业标准和自律规则为抓手，以促进行业基础设施建设为依托，切实发挥议事、谋事、办事的功能作用，推动互联网保险行业更好地服务实体经济和普惠金融发展。互联网保险的发展是新时代下保险业改革发展的重要方向，但互联网保险没有改变保险的本质，互联网保险的发展必须遵循保险活动的基本规律，正确处理好科技创新应用和风险防范的关系。互联网保险专委会的成立在贯彻落实国家促进互联网金融规范发展的要求，促进行业自律方面发挥了积极作用。

专栏　互联网保险专业委员会

为进一步贯彻落实中国人民银行等十部委发布的《关于促进互联网金融健康发展的指导意见》（银发〔2015〕221号）有关精神，促进互联网保险行业规范健康发展，2017年12月21日在北京召开了中国互联网金融协会互联网保险专业委员会（以下简称互联网保险专委会）成立会议。互联网保险专委会是中国互联网金融协会下设的专业委员会，委员来自传统保险机构、互联网保险网络平台、金融科技公司和学术研究机构等，具有广泛的代表性与专业权威性。互联网保险专委会首届主任委员由新华人寿董事长万峰担任，副主任委员分别由中保信董事长吴晓军、保监会发展改革部副

主任罗胜、中央财经大学保险学院院长李晓林担任。其主要职责是：制定互联网保险自律管理规则、经营细则和行业标准；组织实施教育从业机构遵守法律法规和互联网保险有关监管规定，组织开展合规及风险教育培训；依法开展互联网保险从业机构的自律管理及检查，维护互联网保险市场秩序；履行互联网保险法律法规、有关监督规定及协会理事会赋予的其他职责。

互联网保险专委会自成立以来，在规范互联网保险行业发展，促进互联网技术在保险行业的创新运用等方面发挥了较大作用。互联网保险专委会通过课题研究、专题讲座、行业热点问题研讨、跨界交流、同业交流、公司实地调研、会员培训等方式开拓了互联网保险领域的各项工作。为加强对互联网保险领域的热点问题研讨，互联网保险专委会在《金融时报》保险周刊开辟了"互联网保险专家谈"专栏，连续刊发专委会委员撰写的《关注保险科技新动态　防控互联网保险风险》《互联网保险生态建设的逻辑、驱动和演化》《互联网新技术下共谋保险业健康发展》《保险回归本源　科技引领变局》和《保险科技发展重塑保险行业形态》等多篇评论文章，获得较大的社会关注和好评。互联网保险专委会还启动了一批重点课题和行业标准研究，主要内容包括如何发挥互联网保险在供给侧结构性改革中的作用、互联网保险监管政策研究、保险科技稳健性评估研究、保险科技在智能承保理赔中的应用研究、互联网保险产品创新发展方向研究、互联网保险合同要素标准研究和电子保单有效性标准研究等。

三、保险科技重塑互联网保险的发展格局

2017年，大数据、人工智能、区块链和物联网等新技术开始从概念走向落地，从产品设计到售前（营销、咨询、推荐、关怀），到承保（认证、核保、定价），再到理赔（反欺诈、核损、赔付）以及售后服务（客服、日常分析、客户关系管理），逐渐融入保险核心业务流程。

从大数据应用看，保险机构不断在风险预测能力方面进行探索和创新，通过多平台数据打造用户画像模型，实现对保险业务的定向推销与定向服务，优化保险产品定价、信用评级和精准营销等流程，从根本上改变对于风险的认知和管理，改变传统的保险精

算方式，改变定价和风险管理。

从人工智能应用看，保险行业的变革主要体现在将包括语音和语义识别、图像识别、自然语言处理和神经网络算法等在内的人工智能技术，应用在产品、营销、投保、理赔、客户服务和风控等流程中。产品环节主要体现为产品创新和智能定价，营销方面的创新方向集中在精准营销、推荐和智能比价，投保环节的应用主要在线上投保和智能核保，智能在线客服的主要功能是同用户进行基本沟通，并自动回复用户有关产品或服务的问题，以达到降低企业客服运营成本、提升用户体验的目的。此外，随着图像识别、深度学习等技术的广泛应用，保险从业机构也在不断探索人工智能在智能理赔的应用。

区块链在保险行业中的应用主要体现在服务和产品创新、提高欺诈检测和降低运营费用三方面。从实践来看，保险和区块链最核心的结合点是重构信用，主要在产品溯源、物流供应链信息协同、互助保险计划、客户信息共享等方面，形成以区块链为基础的数据信息共享生态圈和业务开放合作平台。

长期以来困扰保险产品定价的问题是无法准确全面地获取风险数据，特别是某些细分领域或细分客群的风险数据。物联网的出现使这种情况发生了较大改变。例如，借助可穿戴设备的应用，通过追踪客户自身生活习惯特征数据，可为不同风险人群量身定制相关的健康保险产品；利用车联网等技术手段可追踪用户的驾驶行为，也为车险行业提供更加精准的定价。

第三节　互联网保险的主要问题与挑战

一、产品设计亟待突破创新瓶颈

产品同质化较严重。当前我国互联网保险发展仍处于初级阶段，部分保险产品不仅名称雷同，而且条款费率、保障范围、除外责任也较相似，这不仅影响投保人对产品的认同度，而且导致同质化产品之间的低水平竞争，对产品创新并无实质帮助。产品同质化使得市场竞争陷入价格战，压缩利润空间，影响保险公司长远发展。互联网保险应根据消费者需求设计产品，走差异化路线，从而增强竞争力。

伪创新险种偏离创新本质。在互联网保险产品百花齐放的同时，部分保险公司为吸引眼球和片面追求规模，急功近利，导致各种伪创新险种大量出现，比如恋爱险、失眠保险等。这些奇葩险种严重偏离保险保障本质，潜在风险较大：一是部分险种的销售机构存在合规风险甚至不具备相应资质；二是部分机构虚构各类保险名目，打着保险的幌子从事非法集资；三是部分保险机构设计产品时有侥幸心理，保险条款与赔付条件过于随意，缺少风险提示，信息披露不充分，或存在明显歧义；四是奇葩保险产品加速了风险外溢，尤其是在数据运用、信息安全、保险消费者权益保护等方面存在着风险隐患。

新技术应用不足。大数据和物联网等新技术的出现，对保险产品的设计提出了更高的要求。在大数据助力产品定价方面，虽然保险公司积累了大量的历史经验性定价数据，但是对实时数据和可供预测判断的数据获取有限。同时保险机构在数据挖掘和数据处理方面存在瓶颈。由于受商业机密、信息安全等因素制约，导致保险公司短期内还无法有效地及时利用大数据实现精准定价。基于物联网的智能感知和识别技术等通信感知技术，在保险业的发展仍处于起步阶段。车联网对于车险产品设计，风险防控和理赔模式带来的影响也较为有限。

二、"去中介化"能力不足

保险业务发生频率相对较低，风险需求具有场景化特征，因此保险公司纷纷加强与具有入口和较大用户流量的互联网公司进行合作。这种互联网保险引入第三方合作的模式导致客户信息碎片化、交易场景虚拟化等问题，增加了保险公司开展后续承保、理赔、投诉和续保等服务的难度，并最终影响客户体验和保险公司的后端服务保障能力。

从长远看，互联网保险要想真正实现销售和服务变革，必须积极主动面对终端客户，将互联网新技术与产品创新开发模式相结合，在产品供应能力和服务上实现"去中介化"；通过产品定制化开发、客户分类筛选、个性化售后服务等方面实现转型升级；推动销售渠道变革，根据不同渠道和客户特点提供差异化的保险产品。

三、消费者权益保护不足

2017年，互联网保险消费投诉激增，保监会共接收互联网保险消费投诉4 303件，同比增长63.1%。互联网保险消费投诉反映的问题主要集中在销售告知不充分或有歧义、理赔条件不合理和拒赔理由不充分等方面。其中，涉及非保险公司自营互联网销售平台（即第三方平台）的投诉3 821件，占互联网保险消费投诉件数的88.8%，涉及各类网络销售平台127家。车险理赔和寿险销售误导是保险投诉的老问题，具体表现在夸大保险责任或收益、隐瞒保险期限和不按期交费的后果、隐瞒解约损失和满期给付年限、虚假宣传等问题。

目前互联网保险法规不够健全，存在跨地域投保纠纷以及保险赔付证据电子化的法律效力难以保证等问题。此外，由于目前的互联网保险业务主要以车险和小额保险为主，发生大额保险的法律纠纷并不多，但仍需建立针对解决互联网保险纠纷的平台，合理合规、快速有效地解决互联网保险存在的各类法律纠纷。

四、大数据、人工智能、区块链等新技术落地困难较大

目前，社会各界对大数据、人工智能、区块链在保险行业的应用落地的预期较高，但保险科技的应用落地仍然面临较大困难。在大数据应用方面，目前我国保险行业内的

数据积累量较低，大量非结构化数据需要进行结构化处理；在人工智能应用方面，我国保险行业的数据孤岛现象较严重，较大限度影响了人工智能在保险业的应用；在区块链应用方面，由于保险相关企业不愿意主动置换数据的共享权益，导致区块链技术在保险业应用较困难。

第四节　互联网保险的发展趋势与展望

一、监管趋严背景下的互联网保险创新仍将保持活力

从2017年以来的保险监管政策动向看，未来金融监管部门将从严监管互联网保险和中介市场等重点领域。随着各项监管政策的贯彻落实，互联网保险创新发展将出现结构性分化。

从业务发展趋势看，互联网保险业务或增长放缓，但部分险种仍将保持较快增长，细分险种的需求旺盛。航意险、旅游险和延误险等出行类产品以及退货运费险等电商类产品仍将保持较快发展势头，责任类和保证类保险业务仍将大幅增长。

从创新模式的发展趋势看，在监管环境日趋完善的背景下，保险公司和第三方平台作为互联网保险市场的主要参与主体，将会主动打造以客户需求为中心、以合规发展为保障的保险生态圈，逐渐由平台使用型创新转变为平台增强型创新，借助大数据、人工智能、区块链等新技术以及消费场景等业态，促进行业创新发展。

二、线上线下协同创新，智能化提升服务运营能力

互联网保险不仅是一种新渠道，而且是根据用户类型和产品特点进行创新的新业态。针对小额、海量、高频和碎片化特征，互联网保险需要提升海量数据的处理能力；针对产品定价、投保、核保及理赔等环节更为复杂的传统寿险和健康险产品，互联网保险需要加强线上线下数据共享、渠道导流和服务整合。

为提升客户购买保险产品和服务的满意度，互联网保险公司可借助新技术不断提升保险产品上线效率，实现产品智能上下架，提高"保险超市"运营效能；通过基于位置服务（LBS）的销售区域定位等方式进行产品搜索和咨询，强化后台保险产品分类检索功能；借助社群营销，弥补保险用户低频交互的特点，提升交互频次和客户黏性，提升续保率和客户二次开发能力。

三、传统保险公司和互联网保险公司竞合发展

近年来，拥有互联网入口和流量优势的互联网公司或平台纷纷进军互联网保险市场。2017年5月，由阿里巴巴发起成立的信美人寿相互保险社开业；9月，百度通过旗下投资公司百度鹏寰资管入主黑龙江联保龙江保险经纪有限责任公司，并完成4 000万元增量注资。互联网公司相继进军保险业将给传统保险业带来以下两个主要方面的影响：一是保险销售端将会被更多渠道分流，标准化产品更多地向互联网流量巨头聚集；二是互联网巨头深耕互联网保险将会大力丰富保险场景，创新保险经营模式，让大众更高频、更便捷地接触保险产品。未来，面对互联网保险带来的挑战，传统保险公司也将会加速产品创新，提升自身竞争能力，最终同互联网保险在竞争合作中发展。

四、保险科技与互联网保险行业深度融合

保险科技已经成为促进互联网保险发展的重要因素，大数据、人工智能和区块链等技术的快速发展必将为互联网保险的创新发展提供契机，大型保险公司将加快布局保险科技领域。

大数据技术的成熟运用将通过消费者行为数据，确定风险概率，从而运用到保险产品的设计中，还可以动态优化调整保险产品，使产品设计更加完善和精准。在了解基本存在的风险、消费者的风险偏好、承担损失的能力等因素后，设计费率个性化、责任个性化、目标人群个性化的产品，实现精准营销。例如，在车险领域，保险企业在掌握车损的风险与车的品牌型号、行驶里程数、驾驶员驾驶习惯、路况、车辆用途等相关信息后，可在续保环节进行差异化定价。

基于人工智能技术的虚拟保险代理人将获得较大发展，保险产品的咨询和交流交给虚拟保险代理人完成，并实现自动核保承保。发挥人工智能在数据挖掘、数据处理以及保障服务方面的优势，可进一步革新产品开发流程，实现智能化理赔，优化客户体验，降低保险公司运营成本。

区块链技术和智能合约将创新互联网保险的商业模式，提升互联网保险的客户体

验。在承保阶段，客户可在平台上传保险需求，保险公司作为服务方公布保费计算公式供客户选择，客户可根据需求自由选择保险产品，并通过支付数字化资产获取自动执行的保险合约条款。在理赔阶段，区块链技术的不可篡改性可以确保客户获得赔款。这种新型保险模式不仅丰富了保险产品选择，还保证了客户的财务安全，并将大幅降低保险费率。

据众安保险对保险科技发展现状的调查显示：70%的受访者认为，保险科技将在五年内对保险业产生较大影响。其中，93%的受访者认为大数据对未来保险业发展的影响最为显著，87%的受访者认为人工智能对未来保险业发展的影响最为显著。对于保险业哪些环节将受到科技较大程度的改变，87%的受访者选择营销与渠道，选择其他环节的受访者占比依次为理赔（81%）、产品设计（81%）、核保（79%）、客户服务（77%）和定价（75%）。

五、保险科技"走出去"步伐有望加快

作为全球第二大经济体和第二大保险市场，凭借已有的技术应用基础和人才积累，在本轮科技全面升级推动下，我国有望成为全球最重要的保险科技应用国。在新一轮"产业科技"全球化过程中，我国将在保险科技领域先试先行，利用自身的先发优势，积极推动保险科技全球化发展。一是促进保险科技的对外输出。受益于较好的技术基础设施和庞大的市场，我国保险科技应用无论在广度还是深度上都有深厚积累。我国保险科技企业可利用所积累的经验，进行全球化输出，为其他国家和地区的保险市场赋能。二是加强全球保险科技的产业布局。未来，我国保险科技企业可开展保险科技产业的全球化布局，通过业务、技术或资本等多种合作方式，与各国实力较强的保险科技企业进行联合，共同推动保险科技的全面发展。三是加快建立全球保险科技标准。保险科技的全球发展对保险科技标准提出了新需求，各国保险监管机构也将加强合作，为促进新的保险业态发展建立新标准和规则。在保险科技标准建立过程中，我国作为保险科技先行者将扮演重要角色，发挥积极作用，为全球保险科技发展贡献中国智慧和经验。

专栏 "科技+服务+保险"将成为保险业创新发展模式

在互联网保险的发展过程中，科技的作用日趋重要。基础的底层核心技术和前端的应用技术正渗透到保险业务模式的方方面面，从产品分销、核保与风险定价、产品设计与开发、理赔运营等诸多环节重塑保险的价值链，在优化流程和提升效率的同时，实现服务在线化和智能化，通过"科技+服务+保险"的多维创新模式推动保险市场加快速度进行数字化转型。

数字化可以帮助保险公司在短期内获得技术带来的效益增长、效率提升、成本下降，并显著提高客户满意度。但长期来看，数字化对传统保险的核心业务模式和长远发展构成巨大挑战。面对冲击，保险公司在数字化转型方面取得一致共识，纷纷进行资源投入，以强化技术能力，进行前瞻性产业布局。这其中，爱保科技作为中国人保创新驱动发展战略的重要组成部分，通过深度应用人工智能和大数据技术，推进以智能定损和小爱保险产品智能推荐为核心的创新项目，实现"技术+服务"的有机结合，创新业务模式，提高保险产品和服务资源配置的灵活性。此外，爱保科技深入挖掘垂直细分场景，构建覆盖居家和出行主要领域的生态级风险管理平台。

第五章
互联网基金销售

- 2017年互联网基金销售发展情况
- 互联网基金销售的发展环境
- 互联网基金销售的主要问题与挑战
- 互联网基金销售的发展趋势与展望

2017年，基金销售面临监管趋严，互联网基金销售行业经历了较大的转变。以货币基金为主的互联网基金销售规模持续增长，互联网基金直销仍是主要渠道。同时，商业银行和独立代销机构的基金代销规模增长较快。从监管方向和行业发展趋势来看，货币基金的风口将逐渐消失，互联网基金销售机构未来可能会转向基金组合产品销售及财富管理。

第一节　2017年互联网基金销售发展情况

目前，我国尚未建立互联网基金销售专项统计，因此不能全面地统计分析互联网基金销售的总体情况。我们选取13家具有代表性的基金公司①（以下简称样本基金公司）进行抽样调查分析，大致反映2017年互联网基金销售的结构特点与发展趋势。

一、基金公司新增开户数大幅增长，通过基金公司和互联网基金代销公司网上开户数均增长较快

2017年，5家样本公募基金公司新增开户总数约2.3亿人，同比增长48.2%，增速较2016年提高15.9个百分点；全年新增开户数较2015年和2016年分别多1.1亿人和0.8亿人。其中，直接通过基金公司网上新增开户数约1.2亿人，同比增长50.4%，增速较2016年提高32.5个百分点；全年新增开户数较2015年和2016年分别多0.5亿人和0.4亿人。通过互联网基金代销公司网上新增开户数0.9亿人，同比增长62.0%；全年新增开户数较2015年和2016年分别多0.7亿人和0.4亿人（图5-1）。在5家样本公募基金公司的新增开户数中，直接通过基金公司网上新增开户数的占比为52.3%，与上年基本持平；通过互联网基金代销公司网上新增开户数的占比为40.6%，较2016年提高了3.5个百分点。

---

① 13家样本基金公司包括：富国基金、汇添富基金、易方达基金、天弘基金和南方基金5家公募基金公司，淘金者科技、蚂蚁金服、乐信、国美、途牛金服、新浪、雪球和中证金牛8家互联网基金代销公司，其中，互联网基金销售相关数据不包含南方基金。

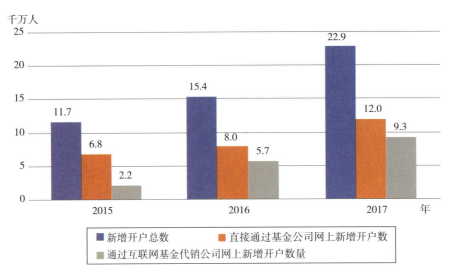

数据来源：中国互联网金融协会整理。

图5-1　2015—2017年样本基金公司新增开户数情况

二、混合型基金和股票型基金增长较快，混合型基金、股票型基金和债券型基金占比合计逾八成

2017年，5家样本公募基金公司发行基金161只，同比增长37.6%；全年发行基金总只数较2016年增加44只。其中，封闭型基金发行7只，2016年未发行封闭型基金；混合型基金发行67只，同比增长36.7%；货币型基金发行6只，与2016年持平；股票型基金发行44只，同比增长100.0%；债券型基金发行23只，同比下降11.5%；QDII基金发行14只，与2016年持平。

在5家样本公募基金公司发行的各种类型基金中，封闭型基金、混合型基金、货币型基金、股票型基金、债券型基金和QDII型基金的发行只数占比分别为4.4%、41.6%、3.7%、27.3%、14.3%和8.7%。混合型基金、股票型基金和债券型基金发行只数的占比合计为83.2%。与2016年相比，封闭型基金和股票型基金发行只数占比分别提高了4.3个和8.5个百分点；混合型基金、货币型基金、债券型基金和QDII型基金发行只数占比分别下降了0.3个、1.4个、7.9个和3.3个百分点。

三、互联网基金销售大幅增长，基本上集中在货币型基金销售

2017年，4家样本公募基金公司（不含南方基金，下同）的基金销售总额为16.8万亿

元，同比增长64.7%，增速较2016年提高44.7个百分点，其中，互联网基金销售总额为15.4万亿元，同比增长67.4%，增速较2016年提高32.4个百分点。互联网基金销售总额占全部基金销售总额的91.3%，占比较2016年提高1.4个百分点。

在互联网基金销售的不同产品类型中，混合型基金销售244.7亿元，同比下降16.1%；货币型基金销售15.3万亿元，同比增长71.5%，增速较2016年提高30.4个百分点；股票型基金销售214.7亿元，同比增长71.2%，增速较2016年提高129个百分点；债券型基金销售340.7亿元，同比下降58.2%，增速较2016年降低81个百分点；QDII基金销售16.0亿元，同比下降73.0%。混合型基金、货币型基金、股票型基金、债券型基金和QDII型基金的销售额占比分别为0.2%、99.4%、0.1%、0.2%和0.1%（图5-2）。

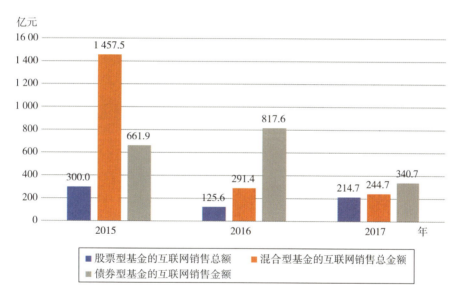

注：2017年，货币型基金销售总金额15.3万亿元，QDII基金销售总金额16.0亿元，因与其他三种基金数量差距较大，未在图中显示。

数据来源：中国互联网金融协会整理。

图5-2　2015—2017年货币基金外主要类型基金的销售金额

四、通过基金代销公司的基金销售增长迅猛，商业银行基金销售保持较快增长

2017年，12家样本基金公司（不含南方基金）的互联网基金销售总额为16.2万亿元，同比增长84.7%，增速较2016年上升48.7个百分点。其中，通过互联网直销的基金总

额为15.4万亿元（占全部互联网基金销售额的95.1%），同比增长87.8%，增速较2016年上升41.9个百分点；通过基金代销公司的基金总额为7 521亿元（占全部互联网基金销售额的4.6%），同比增长347.6%。

在传统基金销售机构中，商业银行基金销售总额为1.5万亿元，同比增长251.3%；独立代销机构的基金销售总额为4 242.2亿元，同比增长431.6%；证券公司的基金销售额共932.4亿元，同比下降66.1%（图5-3）。

数据来源：中国互联网金融协会整理。

图5-3　2015—2017年不同类型基金销售机构的销售总额对比

第二节　互联网基金销售的发展环境

一、互联网基金销售智能化程度提高，差异化服务提升客户体验

近年来，互联网基金销售机构不断涌现，市场竞争更加激烈。越来越多的互联网基金销售机构依托新兴技术谋求差异化竞争。一是迭代更新系统以承载激增的客户量与交易量，借助客户连接、客户画像、精准营销等算法工具，帮助金融机构建立直连客户的自营平台，有针对性地为客户提供差异化服务。二是智能化改造客户的服务环节。部分机构开放智能客户系统，对系统搜集的客户反馈信息进行分析，对于反映较集中的问题，及时与基金经理沟通，并通过发布分析文章等方式进行及时反馈，将客户体验放在首要位置。三是销售决策转向数据驱动。通过历史经验数据分析，结合市场行情波动带来的正向或负向影响，用大数据分析结果优化产品和运营。

目前，互联网基金销售机构围绕着客户需求打造场景应用，客户根据自身服务需求和销售平台的特点，选择适合自己的销售平台。该模式的形成将基金销售带入新阶段，该阶段的主要特征是精准推荐、数据调优、云客服和客户陪伴。主流互联网基金销售机构正经历从传统的基金代销向客户服务转型。基金公司"面对面"了解客户需求、提供服务，打破了以往仅由互联网基金销售机构来决定销售何种产品的局面。通过一些新推出的自营运平台，基金公司、基金经理有了直接接触客户的机会，创造了新的客户沟通模式。

二、互联网基金销售监管趋严，监管新规带来新挑战

（一）货币市场基金流动性监管趋严，货币市场基金销售受到制约

2017年8月，中国证券监督管理委员会（以下简称证监会）发布了《公开募集开放式证券投资基金流动性风险管理规定》（证监会〔2017〕12号公告）（以下简称《规定》）。《规定》明确要求严控货币市场基金规模扩张，基金管理公司需要严格将货币

市场基金规模与其风险准备金挂钩，确保管理规模与风险管理能力及风险覆盖水平相匹配；区分机构定制类及零售类货币市场基金，针对新设的机构类货币市场基金，禁止采用摊余成本法进行估值核算，防止机构类资金恶意进行套利，回归货币市场基金现金管理工具的本质。《规定》还借鉴美国货币市场基金改革经验，完善货币市场基金监管指标，增强货币市场基金应对赎回与抵御风险的能力。证监会对货币基金流动性监管的加强对货币市场基金销售形成一定程度的制约。

（二）资管新规明确提出打破刚兑，互联网基金销售面临客户流失压力

2017年11月，中国人民银行会同银监会、证监会、保监会、外汇局等部门起草了《关于规范金融机构资产管理业务的指导意见（征求意见稿）》（以下简称《资管新规》）。《资管新规》明确提出打破刚兑，规定资产管理业务不得承诺保本保收益，严格非标准化债权类资产投资要求，禁止资金池等。由于互联网基金销售机构的较快发展主要由货币基金产品的兴起带动，新规要求打破刚兑将影响居民理财的收益预期和风险预期，从而会给互联网基金销售机构带来客户流失的压力。

三、互联网基金销售市场竞争更趋激烈，基金申购费率大幅下降

为抢占基金销售带来的流量、客户和丰厚的代销利润，各家互联网基金销售机构纷纷降低基金申购费率。目前，互联网基金销售机构申购（认购）基金产品1折优惠已成常态，市场上规模较大的公募基金公司旗下销售的公募基金产品也有一半以上的产品手续费降至1折。低费率虽在一定程度上挤压了互联网基金销售机构的利润空间，但对于互联网基金销售机构而言，低费率带来的流量、客户以及基金销售带来的佣金收入则更被看重。基金申购费率的大幅打折降低了客户的投资成本，从实际来看，客户选择购买哪家基金销售机构的产品主要取决于投资体验和机构提供的服务。

第三节　互联网基金销售的主要问题与挑战

一、基金销售创新服务亟待规范，差异化服务有待加强

长期以来，各互联网基金销售机构或平台销售的基金产品同质化程度高，客户服务主要集中在交易便捷、手续费打折等方面。2017年互联网基金销售市场开始出现了一些创新。部分基金销售机构或平台开始提供产品组合、投资策略等类似于在线投顾的客户增值服务，并形成了一定的特色。例如，招行APP推出了摩羯智投，华夏基金推出了查理智投以及盈米基金推出了且慢平台等。由于目前缺乏对基金产品组合、投资策略等在线投顾类服务的监管规则，部分基金销售机构或平台在实际操作中存在业务规则不清晰、宣传推介不合规等现象，基金销售创新服务亟待规范。同时，目前互联网基金销售机构已上线的产品组合和投资策略对客户真实需求的挖掘力度仍然不够，今后仍需加强对客户的差异化服务。

二、基金销售的经营成本增加，基金销售机构有待转型

在货币基金T+0新规颁布之前，基金销售机构为降低经营成本、增加客户黏性，通常将货币基金作为客户的底层理财账户。在新规颁布之后，货币基金不再适合作底层理财账户。同时，随着网联清算平台的推出，各基金销售机构的经营成本也有所增加。加上基金申购费率和机构销售服务费率的下降，基金销售的利润被压缩。在此背景下，部分互联网基金销售机构的经营难度加大，如何寻求可持续的商业模式，实现基金销售的成功转型，成为行业共同关注的问题。

三、银行对公募基金的代销需求上升，投资者教育有待加强

在资管新规颁布后，银行理财的刚性兑付被打破，银行理财的净值化管理导致部分银行理财客户转向公募基金，由此带来银行对公募基金的代销需求的提升，给互联网基

金销售机构既带来了机遇，也形成了挑战。打破刚性兑付将带来基金投资风险的上升，互联网基金销售机构需加强投资者教育，让投资者了解各类公募基金产品的风险收益特征，建立"卖者尽责、买者自负"的投资理念。

四、互联网基金销售的投资者适当性管理有待加强

2017年7月《证券期货投资者适当性管理办法》（证监会〔2017〕130号令）颁布实施后，互联网基金销售机构在对客户身份的核查、异常交易行为的监控以及宣传推介等方面有所改进。但由于各家基金销售机构及其合作的互联网平台对政策的理解存在偏差，贯彻落实的力度也存在较大差异，甚至出现部分机构打"擦边球"的现象，在一定程度上造成了行业的不良竞争。因而，互联网基金销售机构的投资者适当性管理有待加强。

第四节　互联网基金销售的发展趋势与展望

一、互联网基金的销售对象趋于年轻化，基金产品和销售模式有待创新

在传统基金销售模式下，基金投资者的年龄大多集中在40~60岁，该年龄段的投资人正处于事业发展的上升期，具有一定的财富积累，也有财富保值增值的需求。但自2017年以来，各主要互联网基金销售机构的客户都有明显的年轻化趋势。2010年，购买银行渠道销售基金的客户，50%以上的年龄在40岁以上；而2017年互联网基金销售机构的客户约10%为40岁以上，剩下90%的客户年龄在40岁以下，其中"90后"的客户占比较高，成为互联网基金购买的主要客户群。

在互联网基金销售对象趋于年轻化的背景下，部分机构针对年轻群体的生活场景，推出了多种类的基金定投产品，效果较理想。由于"90后"的基金投资者对互联网和移动客户端的应用较为熟悉，对互联网基金投资的心态较为开放，因而这部分年轻群体有望成为基金销售的重点对象。为了适应基金销售对象年轻化的趋势，互联网基金销售机构提供的基金产品和销售模式都需相应进行创新。

二、货币基金主导的基金销售格局有望打破，单一产品销售转向组合销售或财富管理将成趋势

近些年来，互联网基金销售机构大多数以货币基金销售为主，但从行业发展趋势来看，非货币基金销售占比可能会上升，货币基金销售主导的格局可能会被打破。由于非货币基金的收益具有不确定性，加上产品设计较复杂，投资风险相对较高。为更好平衡投资收益与风险，未来互联网基金销售机构可能会向客户提供基金组合产品，并向财富管理方向转型。目前已有部分互联网基金销售机构和基金公司推出了定制化公募基金组合，在充分了解客户自身风险偏好及投资偏好的前提下，结合具体应用场景，帮助客户选择合适的基金组合产品。

第六章
互联网消费金融

- 2017年互联网消费金融发展情况
- 互联网消费金融的发展环境
- 互联网消费金融的主要问题与挑战
- 互联网消费金融的发展趋势与展望

2017年，在政策环境支持、消费市场需求和技术发展应用等综合因素的驱动下，我国互联网消费金融市场快速发展。一方面，居民消费水平不断提升，消费观念不断革新，互联网消费、信用消费日益普及，互联网消费金融市场规模持续扩大；另一方面，在良好的政策环境下，众多市场机构纷纷涉足和拓展消费金融市场，业务和技术创新不断涌现，市场竞争加剧，互联网消费金融已成为互联网金融领域较为活跃的业态之一。

第一节　2017年互联网消费金融发展情况

本章选取6家具有代表性的互联网消费金融机构[①]（以下简称6家样本机构）作为分析样本，并通过6家样本机构的汇总数据分析2017年我国互联网消费金融的现状和发展态势。

一、新增注册用户数总体呈上升趋势

2017年，6家样本机构的注册用户数共计增加9 430.4万人，各月注册用户数有所波动。其中，2月新增注册用户数在各月中最低，仅为380.9万人，12月最高，为1 113.2万人，较1月增长116.5%（图6-1）。

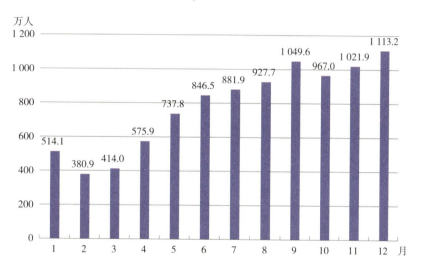

数据来源：中国互联网金融协会整理。

图6-1　2017年样本机构各月新增注册用户数

二、消费信贷金额及笔数增长迅速，平均单笔贷款金额较小

截至2017年末，6家样本机构贷款余额总计680.2亿元，较年初增长184.7%；全年新发放消费贷款2 189.9亿元，较上年增长254.6%；全年新发放消费贷款1.6亿笔，较上年增长161.2%。平均单笔贷款金额约为1 412.2元，体现了互联网消费金融产品的"小额"特征。

---

① 选取的6家互联网消费金融机构包括快乐时代、51信用卡、包银消费、分期乐、新网银行、中邮消费金融。

　　从2017年各月情况来看，6家样本机构下半年贷款发放额明显高于上半年。下半年，6家样本机构发放贷款1 350.2亿元，较上半年增长60.8%，发放贷款0.9亿笔，较上半年增长49.0%（图6-2）。同时，受电商年中促销及"双十一"影响，6月和11月贷款发放金额及笔数出现两次显著上浮。11月贷款发放额及笔数明显高于其他各月，分别为257.2亿元及1 763.9万笔，较月均贷款发放额及笔数分别高出41.0%和36.5%（图6-2）。

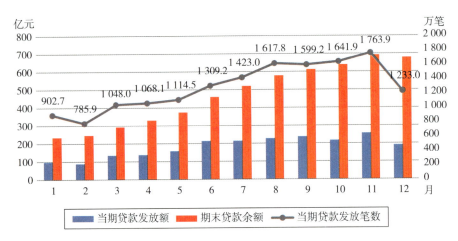

数据来源：中国互联网金融协会整理。

图6-2　2017年样本机构贷款发放额及笔数

三、互联网消费金融用户呈年轻化特征，东部地区用户占比较高

　　截至2017年末，6家样本机构用户年龄分布在20~30岁（含）的占比为66.8%，30~40岁（含）的占比20.3%，18~20岁（含）的占比6.5%，40岁以上的占比5.2%（图6-3）。消费金融的参与主体主要为"80后""90后"等消费观念相对超前的群体，60后、70后占比较小。

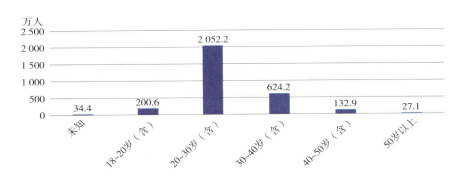

数据来源：中国互联网金融协会整理。

图6-3　2017年样本机构用户按年龄分布

从用户地域分布来看，东部地区用户数占比为41.3%①。用户数占比排名前五的地区是广东、四川、浙江、江苏、河南，依次为13.2%、6.3%、5.8%、5.7%和5.1%，合计占比36.1%（图6-4）。

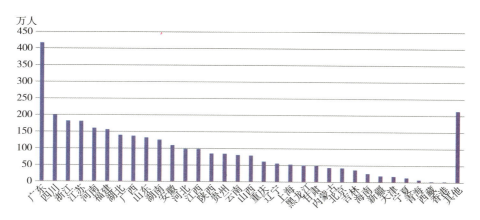

数据来源：中国互联网金融协会整理。

图6-4　2017年样本机构用户按地域分布

四、小额与短期贷款占比较高，还款方式多为一次性还本付息，贷款用途以网上零售为主

2017年，6家样本机构发放3 000元以下的贷款笔数占总贷款笔数的91.6%，1万元以上的贷款笔数仅占总贷款笔数的1.8%（图6-5）。从用户授信情况来看，2017年末授信额度低于1万元（含）的用户占比87.0%，授信额度在1万元以上的用户仅占13.0%（图6-6）。

---

① 东部地区包括北京市、天津市、河北省、山东省、江苏省、上海市、浙江省、福建省、广东省、海南省。

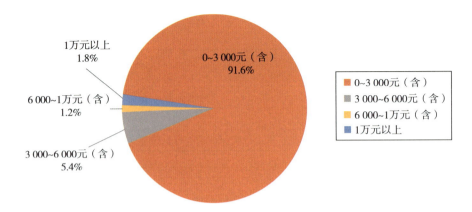

数据来源：中国互联网金融协会整理。

图6-5　2017年新增贷款笔数按金额分布

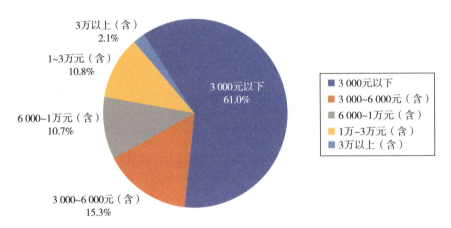

数据来源：中国互联网金融协会整理。

图6-6　2017年末用户按授信额度分布

2017年，6家样本机构贷款期限在1个月（含）以内的新发放贷款笔数占总贷款笔数的49.8%，1~3个月（含）、3~9个月（含）和9个月至1年（含）的新发放贷款笔数占比分别为17.9%、20.1%和6.8%，九成以上新发放贷款期限集中在1年以内，1年期以上贷款仅占5.3%（图6-7）。

从还款方式来看，逾八成的新发放贷款采取等额本息方式，采取等额本金、先息后本的新发放贷款笔数占比分别为0.2%、0.04%（图6-8）。

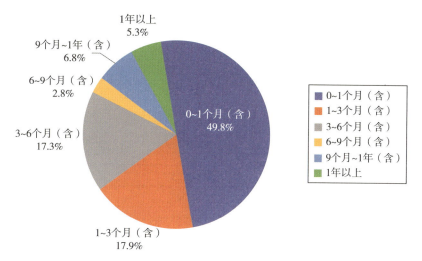

数据来源：中国互联网金融协会整理。

图6-7 2017年新增贷款笔数按期限分布

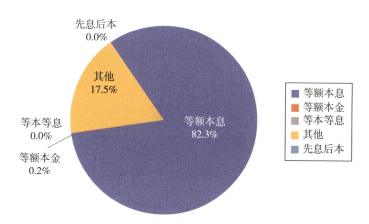

数据来源：中国互联网金融协会整理。

图6-8 2017年新增贷款笔数按还款方式分布

2017年，6家样本机构新发放贷款主要投向网上零售、家装、旅游、教育、购车、婚庆等①。新发放贷款以网上零售为主。全年新发放网上零售贷款笔数约8 582.9万笔，占新发放贷款总笔数的55.35%。贷款新发放金额占比较高的依次为网上零售（87.1%）、家装（1.3%）、旅游（0.3%）。笔均贷款金额较高的依次为购车（3.05万元）、助业（1.2万元）和家装（1.01万元）（表6-1）。

_____

① 贷款用途数据不包含掌众金融和51信用卡数据。

表6-1　2017年样本机构新增贷款按用途分布

贷款用途	新发放贷款笔数		新发放贷款金额		笔均贷款金额（元/笔）
	笔数（笔）	占比（%）	金额（万元）	占比（%）	
网上零售	85 828 566	55.4	84 949 364	87.1	9 897.6
家装	1 272 985	0.8	1 295 092	1.3	10 173.7
旅游	693 389	0.5	323 308	0.3	4 662.7
教育	182 276	0.1	130 182	0.1	7 142.0
购车	98 363	0.1	299 594	0.3	30 458.0
婚庆	535 558	0.4	257 043	0.3	4 799.5
租房	350 988	0.2	154 085	0.2	4 390.0
助业	26 832	0.0	32 332	0.0	12 049.6
其他	66 082 894	42.6	10 123 929	10.4	1 532.0

数据来源：中国互联网金融协会整理。

五、互联网消费金融利率水平总体偏高，高息贷款规模扩大

2017年，6家样本机构新发放贷款中利率在0~6%（含）的新增贷款笔数占比为0.3%，利率在6%~12%（含）的新增贷款笔数占比19.1%，利率在12%~18%的新增贷款笔数占比10.3%，利率在24%~36%的新增贷款笔数最多，占比55.5%。部分贷款利率超过36%，占比达11.6%。而2016年，6家样本机构发放的新增贷款中利率在10%以上的新增贷款笔数仅占8.4%（图6-9），说明较之2016年，2017年利率水平大幅上升，高息贷款规模有所扩大。

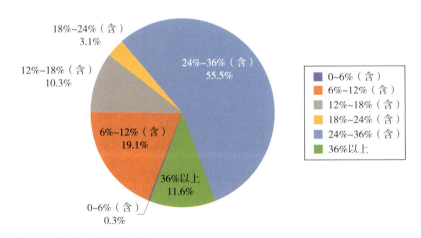

数据来源：中国互联网金融协会整理。

图6-9　2017年样本机构新增贷款利率分布

六、互联网消费金融的不良贷款率大幅下降

2017年，6家样本机构的平均不良贷款率为0.8%，较2016年大幅下降；平均贷款逾期率为2.7%，较2016年略有上升[①]（图6-10）。

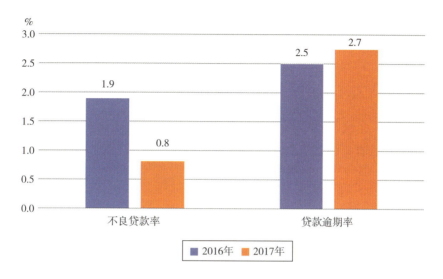

数据来源：中国互联网金融协会整理。

图6-10　2016—2017年样本机构不良贷款率和贷款逾期率

[①] 由于样本空间变动，本统计结果与2016年年报数据存在差异。此外，本统计结果仅包含6家样本机构，不代表行业整体水平。

第二节　互联网消费金融的发展环境

一、宏观政策支持，居民消费水平不断提升

近年来，国家大力支持消费升级，强调消费对经济的拉动作用，为互联网消费金融行业提供了良好的发展机遇。党的十九大报告明确指出，我国社会主要矛盾已经转化为人民日益增长的美好生活需要和不平衡不充分的发展之间的矛盾，并提出要完善促进消费的体制机制，增强消费对经济发展的基础性作用。这为互联网消费金融发展指明了方向。此外，随着我国居民消费水平不断提升，消费需求持续释放，居民消费习惯和观念不断革新，信用消费的理念逐渐被广泛接受，为互联网消费金融发展提供了重要驱动力。

二、监管政策不断完善，市场环境日益净化

互联网消费金融在快速发展的同时，也存在一些风险隐患。为严厉打击"校园贷""现金贷"业务中过度借贷、畸高利率、不当催收、侵犯个人隐私等问题，2017年6月，银监会、教育部、人力资源社会保障部联合发布《关于进一步加强校园贷规范管理工作的通知》（银监发〔2017〕26号），要求从源头上对"校园贷"乱象进行治理，强调各高校开展丰富的宣传教育活动，引导学生科学理性消费。随着监管政策和行业自律机制日趋完善，行业乱象有所缓解，整体风险水平有所下降，市场环境得到有效净化。

三、行业基础设施日益完善

消费金融贷款产品绝大部分是无抵押、无担保的小额纯信用贷款，因此，完善的个人征信体系对互联网消费金融行业健康有序发展十分重要。互联网消费金融从业机构的用户信用数据缺乏有效、及时的信息共享，加剧了过度借贷、重复授信等问题。为此，

中国互联网金融协会继续加快互联网金融信息共享平台建设，于2017年11月全面开放网页查询服务，2017年12月正式开通接口查询服务。截至2017年末，平台收录自然人借款人3 900多万，入库记录3.2亿余条。信息共享平台的建设有助于解决行业发展中存在的信息孤岛问题，提升相关从业机构的风险意识和风控能力。

第三节　互联网消费金融的主要问题与挑战

一、行业融资门槛依然较高，融资渠道仍然较窄

批量化预授信模式作为互联网消费金融的主要业务模式，对从业机构资金保障能力提出了较高要求。当前，从业机构仅能通过自身股东出资、商业银行借款、网络借贷、资产证券化等相关渠道融入资金。对于非银行系互联网消费金融从业机构来说，自有资金相对有限，商业银行和网络借贷融资成本较高。尽管资产证券化融资成本相对较低，但资产证券化对于发起人的实力要求较高，加之受"现金贷"相关政策影响，以小额贷款作为底层资产的资产证券化发行受到限制，使得目前能够以此种方式进行融资的互联网消费金融公司少之又少。行业融资门槛居高不下，融资渠道进一步收窄。

二、行业信息透明度仍待提高

互联网消费金融产品往往既收取利息又收取服务费，受限于最高人民法院关于民间借贷利率上限的相关规定，部分从业机构为追求利润往往混淆利息和服务费，未向消费者充分提示息费定价规则，信息透明度严重不足，最终导致消费者实际承担的综合息费成本过高。且有部分从业机构通过夸大宣传或不实宣传，误导消费者接受与其风险认知和还款承受能力不相符的产品或服务。2017年10月，中国互联网金融协会发布《互联网金融　信息披露　互联网消费金融》（T/NIFA 2—2017）团体标准，明确了从业机构信息披露的原则以及具体披露内容，以期进一步提高行业信息透明度，有效保障消费者合法权益，促进行业健康有序发展。

三、存在过度借贷、过度消费问题

互联网消费金融释放了次优质客群提前消费的需求和潜力，也一定程度上提高了收入水平及受教育程度较低、整体资质较差的人群进行非理性消费的倾向。近年来，互联

网消费金融用户呈现年轻化特征，很多年轻人好奇心强，养成过度消费、攀比消费、超前消费的习惯。一些年轻用户由于收入水平不高，还款能力欠缺，金融知识和风险意识不足，容易陷入借贷还贷的恶性循环，对社会、家庭和个人都会造成不良影响。

四、存在侵犯个人隐私、不当催收等问题

部分从业机构通过不正当渠道或未经用户本人同意随意收集用户行为信息及金融信息，并将相关数据滥用，比如在催收环节肆意泄露用户隐私信息，侵犯消费者个人隐私权。互联网消费金融服务对象中以低收入人群为主的长尾群体，由于缺乏相关金融、法律知识储备和稳定收入来源，借款人蓄意违约或因经济原因无法清偿债务的情况较多。互联网消费金融从业机构受成本约束，通常委托第三方进行催收。由于催收行业良莠不齐，在催收过程中易发生短信恐吓、电话骚扰、暴力催收等行为，严重扰乱社会秩序，影响社会稳定。

五、对协同监管提出挑战

目前，从事互联网消费金融业务的机构有商业银行、信托公司、消费金融公司、互联网电商平台、P2P网络借贷平台等，各类机构目标客群、产品体验以及风控模式存在较大差异。由于参与机构复杂，涉及的监管主体较多，不同类型机构开展互联网消费金融业务时适用的规章制度也有所不同，容易产生监管套利现象。此外，不同类型机构主体往往合作开展互联网消费金融业务，而单一监管主体难以对业务链条进行全面监管，这对不同监管主体的协同监管能力提出了挑战。

第四节　互联网消费金融的发展趋势与展望

一、互联网企业深度介入互联网消费金融领域

随着消费金融市场不断开拓，互联网企业开始凭借自身流量和技术优势不断创新互联网消费金融产品和服务，深度介入互联网消费金融领域。一方面，互联网企业通常具有较好的消费场景和生态圈优势，积累了大量活跃用户，具有坚实的交易规模基础。另一方面，互联网企业拥有海量用户数据，能够不断完善风控模型，更低成本、更高精度地度量用户的行为特征和风险水平，提高互联网消费金融业务效率。

二、金融科技在互联网消费金融领域的应用将更加丰富

互联网消费金融从业机构将持续把移动互联网、大数据、云计算、人工智能等数字技术用于数据采集、风控、用户画像等多个业务环节，进一步提高企业获客与风控能力。未来，复杂多样的消费金融场景将对科技应用提出更高要求，互联网消费金融技术驱动的特征将愈发明显，科技应用创新将进一步提升从业机构金融服务效率，降低经营成本，提高营业收入。

三、登记披露、信息共享等基础设施建设进一步完善

中国互联网金融协会将根据发布的信息披露团体标准，不断完善全国互联网金融登记披露服务平台在互联网消费金融方面的信息披露功能，促进行业更加阳光化、透明化。为解决信息孤岛造成的重复授信、多头借贷等问题，中国互联网金融协会加快建设互联网金融信息共享平台，正式开放了平台查询功能。随着接入互联网金融信息共享平台的机构数量不断增加、信息不断增多，将有利于互联网消费金融公司精准获客、降低风险，解决重复授信、"诈骗借贷"等问题。

第七章
互联网直销银行

- 2017年互联网直销银行发展情况
- 互联网直销银行的发展环境
- 互联网直销银行的主要问题与挑战
- 互联网直销银行的发展趋势与展望

2017年，在大数据、人工智能、云计算等技术的推动下，传统商业银行以数据和合作为重点，在业务内容、服务方式、发展渠道等方面不断转变和创新。互联网直销银行是商业银行适应"互联网+"时代下金融生态环境的变化而产生，它以客户体验为中心，依托互联网开展金融业务，改变了传统商业银行依赖物理网点拓展业务的经营模式，其纯线上的特点也使商业银行突破了时间与空间因素对业务办理的限制，为客户提供了一种便捷、高效的金融服务。截至2017年末，我国传统商业银行开展互联网直销银行业务的超过100家。然而互联网直销银行仍然面临账户开立难、产品和服务同质化等问题，在差异化客户定位、独特的运营模式、持续创新能力等方面仍有待改善与加强。

第一节 2017年互联网直销银行发展情况

互联网直销银行是现代金融发展与互联网革新的产物。中国互联网直销银行的发展形态主要分为三类：一是由传统银行内设的直销银行部门，如民生银行直销银行；二是由民营企业发起设立的纯互联网银行，如微众银行、网商银行、新网银行；三是独立法人形式的互联网直销银行，如百信银行。2017年以来，互联网直销银行整体呈快速发展态势，用户关注度和接受度正逐步提升，传统银行内设直销银行数量增长较快，纯互联网银行也进入发展"快车道"。

一、传统银行内设直销银行处于起步阶段，金融产品服务日趋丰富，但总资产规模仍然较小

截至2017年末，传统银行内设直销银行数量已达113家，较去年新增42家。其中，城商行、农商行为弥补跨区域经营受限、网点覆盖少等不足，积极参与设立直销银行，由其参与设立的直销银行数量占比近九成（图7-1）。

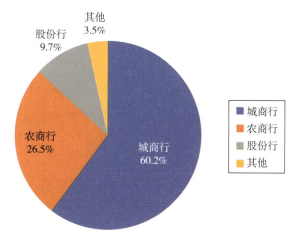

数据来源：中国互联网金融协会整理。

图7-1　2017年末全国互联网直销银行按发起行分类

从产品服务看，直销银行主要依托Ⅱ类账户，为用户提供金融产品交易、借贷服务和生活服务三大类服务。调研数据显示，超过半数时直销银行提供了银行理财、货币基金和非货币基金等理财产品以及信贷服务，部分直销银行还提供保险、贵金属和外汇等理财投资服务。此外，各直销银行也积极提供多样化的生活服务，以实现差异化发展。

从业务规模看，国内直销银行总资产规模尚未达到万亿元，占银行业总资产规模的比例不足1%，发展空间较大。比如，2017年末，15家样本银行的平均资产规模达27.2亿元，同比增长49.7%[①]（图7-2）。此外，部分中小银行积极探索运用互联网思维进行产品和商业模式创新，实现了较快发展。

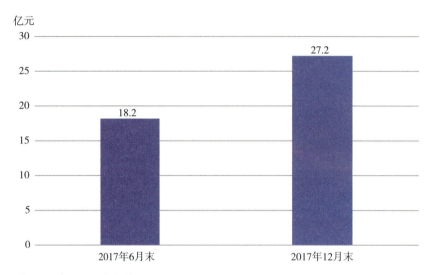

数据来源：中国互联网金融协会整理。

图7-2　2017年样本银行平均资产规模

从用户数量看，国内用户对直销银行的关注度和接受度正逐步提升。2017年，15家样本银行的注册用户从第一季度末的861.1万人上升至第四季度末的2 870.3万人，平均季增注册用户669.7万人，活跃用户从第一季度末的347.6万人上升至第四季度末的1 661.4万人，平均季增活跃用户437.9万人（图7-3）。

[①] 样本银行分别为渤海银行、潍坊银行、桂林银行、杭州银行、恒丰银行、华融湘江银行、徽商银行、江西银行、南京银行、浦发银行、四川天府银行、新网银行、郑州银行、珠海华瑞银行、华夏银行，数据来源：中国互联网金融协会。

数据来源：中国互联网金融协会整理。

图7-3　2017年样本银行注册用户数和活跃用户数

二、纯互联网银行进入发展"快车道"，成为银行业重要的新锐力量

2017年以来，以微众银行、网商银行、新网银行为代表的纯互联网银行，借助社交、电商、搜索等流量入口，进入发展"快车道"。2017年，微众银行、网商银行资产规模增速均显著高于银行业8.7%①的增速，分别为57.1%、27.1%。微众银行、网商银行负债规模增速高于银行业8.4%②的增速，分别为62.0%、28.3%（图7-4）。

在客户定位方面，微众银行利用腾讯社交数据生态，定位个人消费者，客户以蓝领为主；网商银行利用阿里系电商数据，专注小微企业、个人经营者和"三农"群体。

---

① 数据为银监会官方披露。

② 数据为银监会官方披露。

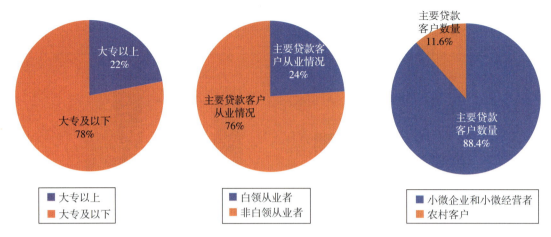

数据来源：中国互联网金融协会整理。

图7-4　2017年末互联网银行用户结构情况

在业务模式上，微众银行、网商银行以及新网银行等3家互联网银行各有特色（见表7-1），但都依托互联网头部流量入口开展零售金融业务，与传统银行形成错位竞争。

表7-1　微众银行、网商银行、新网银行情况对比

	微众银行	网商银行	新网银行
流量入口	社交入口微信、QQ	电商入口阿里巴巴、淘宝、天猫	接入美团、滴滴、今日头条等场景
股东背景	腾讯、立业、百业源	蚂蚁金服、复星、万向三农	新希望、小米、红旗连锁
客户定位	以个人消费者为主	小微企业、农村客户	个人消费者、小微企业
主要业务	存款、贷款、理财	转账、贷款、理财	存款、贷款、支付、P2P存管
特色产品	微粒贷、微车贷	网商贷、旺农贷、信任付	好人贷
负债端	总负债733.7亿元，同业负债占比63.6%	总负债735亿元，同业负债占比52.9%	—
资产端	资产余额817亿元	资产余额781.7亿元	资产余额163.16亿元
收入结构	中间业务收入占比33.7%	利息净收入占比87%	—

专栏　案例简介

微众银行：聚焦个人消费贷款，市场规模扩张迅猛。微众银行成立于2014年12月，是由腾讯、立业集团、百业源等知名企业联合发起的国内首家互联网银行。2015年5月，推出首款消费贷款类产品"微粒贷"，通过联合传统银行向个人消费者提供贷款服务。截至2017年末，微众银行资产余额817亿元，同比增长57%；贷款余额477亿元，同比增长55%；存款余额53亿元，同比增长62%。注册用户超过6 000万人，授信客户超过3 400万人；累计向近1 200万人在线发放贷款，较去年增长1.7倍；累计放贷金额8 700亿元，较去年增长3.3倍。从贷款结构看，78%的贷款人为大专及以下学历，92%的贷款余额低于5万元，较好地契合了普惠金融发展战略的要求。

网商银行：深耕小微企业、个体经营和"三农"客户。网商银行成立于2015年6月，是由蚂蚁金服作为第一大股东发起设立的国内第二家互联网银行。其服务对象以线上线下的小微企业、小微商户、电商创业者和农村地区生产经营者为主，主要的普惠金融贷款产品包括淘宝贷款、天猫贷款、阿里信用贷款、支付宝商户贷、口碑贷、大数贷、平台贷、菜鸟供应链融资和"旺农贷"等，致力于满足不同小微客群的融资需求。2017年，网商银行累计向小微企业和小微经营者发放贷款4 468亿元，累计服务小微企业和小微经营者客户571万户，农村客户75万户。2017年末，网商银行信贷余额中约11.99%为涉农贷款，涉农贷款余额39亿元。代理销售的货币基金产品"余利宝"累计服务客户675万户。

三、独立法人直销银行快速起跑，积极探索"金融+互联网"的创新发展之路

2017年11月18日，历经一年多的筹备，由中信银行与百度公司联合发起设立的百信银行正式开业，是国内首家商业银行和科技企业共同发起设立、采用独立法人运作模式的互联网银行。在业务模式方面，百信银行充分利用股东双方优势，坚持科技和数据双轮驱动，聚焦发展消费金融、小微金融和财富管理等业务，打造"O+O"（线上+线下）和"B+B"（商业+银行）模式的智能普惠银行。

第二节　互联网直销银行的发展环境

一、强化监管为互联网直销银行提供发展良机

2017年7月，第五次全国金融工作会议明确提出要以强化金融监管为重点，以防范系统性金融风险为底线。针对防范化解互联网金融风险的现实需要，监管部门先后出台了一系列政策，对网络借贷、互联网资管、第三方支付、现金贷等领域进行规范整顿，引导互联网金融规范健康发展。随着监管环境的持续完善和市场出清的不断加速，具有合规基因的互联网直销银行能够发挥"良币驱逐劣币"作用，有望迎来新的发展良机。

二、金融科技助力互联网直销银行创新发展

近年来，随着云计算、大数据、区块链、移动互联网、人工智能等数字技术不断取得新的突破，金融科技在银行业的应用正在从后台技术支持角色，转变为金融服务创新发展的重要驱动力，持续推动银行经营管理向数字化、网络化、智能化转型发展，不断提升客户服务和风险防范水平。金融科技的加速创新与深入应用，为国内互联网直销银行的发展创造了良好的技术环境。

三、认知升级为互联网直销银行的发展奠定基础

2017年以来，国内互联网金融用户数已超5亿，渗透率超过72.7%[1]。其中，购买互联网理财的网民规模达1.3亿，同比增长30.2%；使用网络支付的网民规模达5.3亿，年增长率为12.3%[2]。总体上看，随着移动互联网的快速普及以及互联网金融的加速渗透，大众对于互联网金融的认知度及接受度进一步提升，这为互联网直销银行提供了良好的市场基础和坚实的用户基础。

---

① 数据来源于CNNIC第41次《中国互联网络发展状况统计报告》。
② 数据来源于CNNIC第41次《中国互联网络发展状况统计报告》。

第三节　互联网直销银行的主要问题与挑战

一、互联网直销银行发展模式的特色化差异化程度有限

近年来，我国互联网直销银行在产品丰富度、用户数量和资产规模等方面均领先于国外同业，但在发展过程中仍然存在诸多问题，尚未真正发挥出互联网直销银行的独特优势。比如，传统银行内设的直销银行大多受制于体制因素，难以建立起独立的运营机制，也难以实现与母行错位发展和良性互补。纯互联网银行和独立法人直销银行，受制于监管政策对远程开户、理财销售首次免面签、小微企业贷款免面签等方面的约束，面临"只放贷、无吸储"的困境，未能形成具有显著差异性的发展模式和路径，与传统银行业务重合度仍然较高。

二、互联网直销银行经营模式仍面临挑战

一是"获客难"。互联网直销银行品牌知名度及客户认可度仍然较低，对第三方获客途径依赖较高，尚需探索直接获客的有效途径。二是"识客难"。当前，覆盖全社会的征信系统有待建设完善，金融数据合法交流共享机制尚不健全，使得如何精准识别客户并为客户提供个性化金融服务成为互联网直销银行面临的重要挑战。三是"留客难"。互联网直销银行产品及服务仍以基金代销、储蓄理财等基础产品为主，用户流动性较高，留客成本极易上升。如何通过合规创新提升竞争力、用创新性产品提升客户黏性是互联网直销银行面临的又一挑战。

三、互联网直销银行风险管理具有特殊性

互联网直销银行是现代银行与信息技术深入融合，并发展到一定阶段后出现的新银行业务模式。相对于传统银行，互联网直销银行可在物理网点以及现金使用等方面减少甚至消除一些风险，但由于其基于互联网运作的特殊性，可能会引入一些新的风险隐

患，其中较为突出的包括网络欺诈风险、网络声誉风险以及科技风险。因此，互联网直销银行有必要建立一整套有效的风险处置机制及消费者保护体系。

第四节　互联网直销银行的发展趋势与展望

一、传统银行内设的直销银行仍将以辅助零售转型为主

辅助传统银行实现零售转型，重点发展面向互联网开放市场的互联网金融业务，日益成为传统银行内设的直销银行的主要定位和发展思路。一方面，它能为传统银行内部提供产品创新支撑，利用互联网场景及金融科技先行先试，优化改造传统产品并将产品直接推向开放市场。另一方面，它能协助传统银行拓展业务，借助网络打破区域限制，吸引互联网用户开展零售业务，拓展传统银行的金融服务边界。

二、互联网银行将成为银行业转型变革的生力军

一方面，互联网银行具有流量入口优势，其用户行为习惯已经养成，未来在远程面签开户得到监管部门许可的情况下，互联网银行有望获得争夺银行账户的主动权。另一方面，互联网银行借助互联网生态以及金融科技能力，较传统银行具有明显的体制机制、用户黏性、用户体验等方面优势，能够迅速转化互联网客群，实现规模增长。

三、互联网直销银行正在加速向智能银行新形态转型

随着数字技术与金融业务的深度融合，银行业掀起新一轮变革与进化浪潮。互联网直销银行作为传统银行转型的"桥头堡"，正加速向智能银行新形态进击。未来，充分利用人工智能技术，构建以智能风控、智能账户、智能服务为主的核心能力，打造差异化、智能化的竞争优势，为用户提供多样化的金融服务，将成为互联网直销银行向智能银行转型再升级的关键。

第八章
互联网证券

- 2017年互联网证券发展情况
- 互联网证券的发展环境
- 互联网证券的主要问题与挑战
- 互联网证券的发展趋势与展望

2017年，我国证券公司进一步深化互联网思维，积极创新服务手段和服务方式，在做好传统证券业务的同时，逐步加大技术研发力度，寻求差异化发展道路。互联网证券仍以经纪业务为主，行业的周期性特征明显，部分证券公司的风险防范与合规意识仍有待加强，互联网证券领域的深层次问题与合规风险有所暴露，防范化解相关风险成为业界与监管当前及今后一段时期的重要任务。

第一节　2017年互联网证券发展情况

本部分选取10家具有代表性的证券公司①（以下简称10家样本公司），汇总其互联网证券相关业务数据进行分析，以理解和把握互联网证券业务发展的特点和趋势。

一、网上开户数和移动端开户数锐减

2017年，10家样本公司网上开户数779万户，较2016年减少407万户，同比下降34.8%；移动端开户数741万户，较2016年减少416万户，同比下降36.0%。证券公司网上开户数和移动端开户数减少的主要原因是房产投资、理财等资产配置的形式进一步多样化；加上资本市场持续低迷，证券投资对新客户的吸引力下降（图8-1）。

数据来源：中国互联网金融协会整理。

图8-1　样本公司网上开户数和移动端开户数情况

---

① 所选取的证券公司包括海通证券、东北证券、东方证券、广发证券、国金证券、平安证券、申万宏源证券、西南证券、招商证券、中投证券。

二、网上交易额总体呈收缩趋势，但移动端交易额仍保持较快增长

2017年，10家样本公司网上交易额53万亿元，较2016年减少2万亿元，同比下降3.1%。其中，移动端交易额21万亿元，较2016年增加2万亿元，同比增长11.2%；移动端交易额占网上交易总额的39.6%，较上年提高5.0个百分点。PC端交易额32万亿元，较2016年减少4万亿元，同比下降10.3%；PC端交易额占网上交易总额的60.4%，较上年回落5.0个百分点（见图8-2）。移动端交易额仍保持较快增长，表明移动端交易方式对客户的吸引力进一步提升。

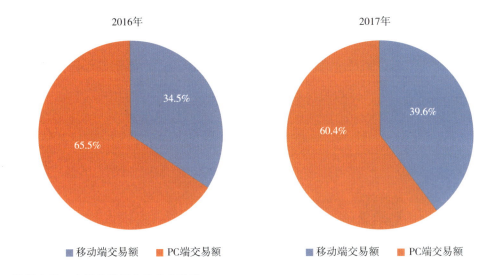

数据来源：中国互联网金融协会整理。

图 8-2　2016年和2017年互联网证券交易金额占比

三、证券经纪业务收入持续下滑

2017年上证指数在3 100~3 300点震荡，证券交易的活跃程度仍然在低位徘徊，证券公司证券经纪收入持续萎缩。从10家样本公司的证券经纪收入来看，2017年证券经纪业务收入244亿元，较2016年减少39亿元（图8-3），同比下降13.7%。

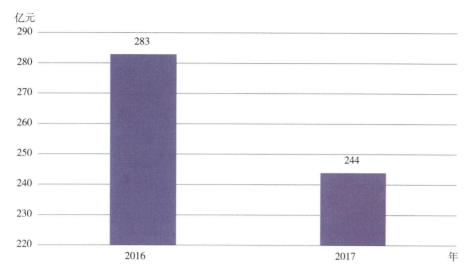

数据来源：中国互联网金融协会整理。

图8-3 样本公司证券经纪业务收入情况

四、网上销售理财产品规模增长较快，平台发行的理财产品销售额增长明显

2017年，10家样本公司网上销售理财产品金额5 645亿元，较2016年增加1 010亿元，同比增长21.8%，其中销售本公司发行的理财产品4 333亿元，较2016年增加1 500亿元，同比增长53.0%；代销其他金融机构的理财产品1 174亿元，较2016年减少537亿元，同比下降31.4%（图8-4）。

数据来源：中国互联网金融协会整理。

图8-4 样本公司网上销售的理财产品来源情况

五、平台销售的理财产品以中低风险等级为主

2017年，10家样本公司互联网理财产品投资人数为55万人，投资人数较2016年增加21万人，同比增长62.9%。其中，追求稳定收益的中低风险偏好投资人数为53万人，较2016年增加20万人；追求高收益的高风险偏好投资人数为1万人，与上年持平（见图8-5）。2017年，10家样本公司的中低风险等级互联网理财产品金额为5 473亿元，较2016年增加1 160亿元；高风险等级的互联网理财产品金额为72亿元，较上年减少178亿元（图8-6）。

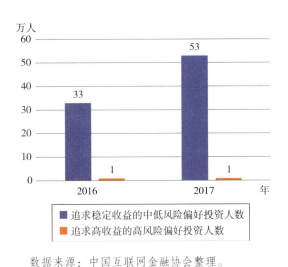

数据来源：中国互联网金融协会整理。

图8-5　样本公司投资人风险偏好情况

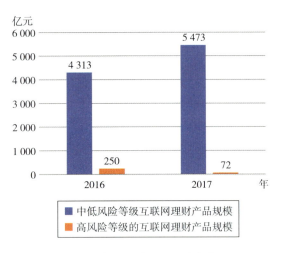

数据来源：中国互联网金融协会整理。

图8-6　样本公司通过互联网销售的理财产品风险等级情况

第二节　互联网证券的发展环境

一、监管政策趋严，信息技术和投资者适当性管理成重点

2017年5月，证监会发布《证券基金经营机构信息技术管理办法（征求意见稿）》，进一步加强信息技术监管的全覆盖，落实证券基金经营机构、专项业务服务机构信息技术管理的主体责任，要求经营机构信息技术的应用与其安全管理能力、合规管理能力、风险控制水平相匹配。

2017年7月，《证券期货投资者适当性管理办法》正式施行。该办法统一了投资者分类标准和产品分级管理要求，规定了经营机构的适当性义务，并明确规定通过互联网等非现场方式销售产品或提供相关服务时，相关经营机构应完善配套留痕安排，由普通投资者通过符合法律、行政法规要求的电子方式进行确认，对互联网证券业务的投资者适当性管理提出了新要求。

二、金融科技赋能互联网证券业务

我国互联网证券业务兴起于2014年，先后经历了2015年的互联网导流、2016年的移动APP推广、2017年的智能化应用阶段，当前业务发展和市场环境呈现新变化和新特点。一是证券公司加强与互联网公司合作，提升客户体验。目前，许多证券公司建立了与同花顺、大智慧等互联网金融信息服务商的合作，提高客户证券交易效率和综合金融信息服务能力。部分证券公司与腾讯、百度、网易、新浪、和讯网等互联网平台加强合作，通过广告投放、内容合作、技术合作等方式，吸引潜在客户。二是利用大数据精准定位客户需求，提供精细化服务。部分证券公司通过大数据分析手段利用客户资产信息、交易行为和用户特征信息对投资者进行画像，对客户群体进行细分，针对客户的不同偏好匹配更合适的产品，为用户提供精细化服务，提高用户的黏性，增强用户体验。三是移动端APP成为服务客户的主要载体。目前，证券公司移动端APP已基本实现证券

开户、行情浏览、证券交易、投资咨询、理财产品、客服问答、业务办理等功能。随着
移动智能设备的硬件性能提高，以及图像识别、人脸识别、指纹识别、移动扫码、移动
摄像等科技手段的应用，证券公司APP的业务效率不断提高，用户使用体验不断提升。

第三节 互联网证券的主要问题与挑战

一、低成本获客时代成为过去，粗放式互联网导流模式难以为继

2017年，中国证券公司平均佣金率已降至3.4‰，逼近行业成本，经纪业务占证券公司收入（不含融资融券业务）的比重首次跌破30%。在此背景下，市场行情低迷导致证券公司经纪业务收入大幅下降，但互联网证券客户总规模趋于稳定，增长放缓。互联网最初给证券行业带来的是流量红利，低成本获取较多客户，并通过标准化功能覆盖长尾客户。近年来，随着互联网流量红利的逐渐消失，互联网获客成本出现较大幅度上升，高成本换取高产能的现象成为行业常态，原有粗放式开户导流模式难以为继。

二、证券类APP同质化严重，差异化服务尚未取得实质性进展

近年来，各证券公司加强了移动端APP的研发迭代，主要为客户提供互联网开户、交易、行情与业务办理等服务。2017年初，随着大部分线下业务完成线上化、移动化的改造，各证券公司开始探索人工智能应用，并相继推出系列智能化工具，包括智能舆情、相似K线、智能盯盘等，一定程度上增强了平台个性化服务能力。然而大部分证券公司采用外部采购的方式，智能化工具同质化严重且仅限于APP前端交互展示，尚未与证券公司中后台专业的金融服务能力深度融合，难以体现差异化优势。

三、理财商城缺乏品牌优势和差异化服务，证券公司的财富管理转型存在困难

当前，中国证券经纪业务已开始向财富管理转型，部分证券公司通过APP理财商城销售本公司的资管产品和基金产品。证券公司理财商城多陷入"产品多而不精，信息泛而不专"的境地，尚未体现证券公司作为专业金融机构的优势和实力。随着互联网金融流量巨头、以银行为首的传统金融机构、第三方财富管理机构的崛起和外资证券公司的

参与竞争，证券公司面临较大的内外部竞争压力。同时，证券公司组织架构多以牌照为中心，流程复杂冗余、协同性不足，考核标准仍以代理买卖证券业务收入和份额为主，向财富管理转型存在脱节。

四、线上与线下服务存在较大程度的断层

随着互联网证券业务的发展，近九成的证券开户与交易都是通过互联网完成的。但大部分证券公司的服务模式还停留在线下，缺乏有效的客户连接解决方案。在大数据和互联网时代，证券公司还在以传统的模式管理业务下达考核指标，缺乏数据驱动管理的手段。证券公司营业部的成功转型需要证券公司自上而下战略性重视并重构组织架构，但目前市场上的成功案例较少。

第四节 互联网证券的发展趋势与展望

一、数字化、精细化运营成为发展主流

未来证券公司可利用线上服务积累的大量客户交易、账户、行为、画像等数据，构建合理的分析模型，真正实现"以客户为中心"的精细化运营。证券公司内部互联网数据、运营、产品、推广等部门需多方协作与高效配合才能达到预期效果。

精细化运营包括三方面，一是精细化引流推广，分析不同渠道、不同方式进行的广告投放带来的目标转化效果，细化到关键词信息，展示每个环节的转化漏斗模型。分析新客户流失占比的路径，有针对性地改进产品体验和流程；对不同渠道定制运营活动，实现更高的开户转化率。二是对存量客户进行精细化运营，精准勾勒客户画像，推进客户分层的管理模式，针对各类客户的投资、财富管理需求提供个性化、差异化服务，有效提高客户价值。同时，数据采集分析可让产品团队更直观、实时地了解不同模块的使用频率与需求适配性，为后续产品迭代优化提供强有力的决策依据。三是结合当前金融风险防范与化解的主要矛盾，数字化留痕能够帮助证券公司完善合规体系，提升审计、稽查工作效率，做到风险早发现、早预警、早处置。

二、注重服务体系搭建，重点布局财富管理

目前，由于通道业务整体价值下降，各证券公司开始积极推进经纪业务向财富管理转型。证券公司在财富管理服务上的优势，主要体现在强大的投研能力、对股债的深度理解、独家的优质产品以及较广的渠道覆盖。证券公司财富管理转型需明确"以客户为中心"的基本理念，从基本的商业模式出发，从产品配置、服务模式、金融科技、渠道策略、品牌构建等多个维度全面推进。

在组织架构上，证券公司需打破牌照壁垒，按客群设置组织架构，由资管与经纪条线协同，为客户输送优质资管产品。在平台端，部分证券公司开始聚焦理财商城的升

级，促进金融科技与投研专业能力结合，通过多维量化分析为客户筛选优质理财产品。通过人工智能等金融科技手段来提供标准化、智能化、场景化的基础服务，比如个性化资产配置建议、智能化定投策略、机器人客服等，覆盖中小净值的客户需求。同时，更重视高净值客户的线上服务需求。

三、构建统一运营平台实现线下和线上服务的全覆盖

在互联网时代，证券公司线下分支机构从柜台开户、交易、业务办理转向品牌推广、客户链接与服务。不同规模的证券公司在进行线下渠道转型时有着不同的目标。部分大型证券公司已开始对分支机构梳理优化，统一管理、集中培训，构建标准化的线下服务，同时引入集中化平台工具支持中后台业务，帮助大量运营人员转岗，实现提质增效。中小证券公司在统筹线下网点布局时应充分考虑市场容量，实现差异化网点定位，努力探索标准化、信息化管理模式。

目前，个别证券公司在探索依托互联网技术，打通线上线下的业务流程，实现两端资源的对接和闭环交互，将此前分离的业务架构变成循环式的主动推送，支持为分支机构客户经理及投资顾问提供线上服务。基于前端移动APP、中台CRM、员工营销平台、投顾运营平台等，构建一体化运营体系，在此基础上逐步叠加用户行为策略算法、客户标签、量化工具等，实现线上和线下服务的全覆盖。

第九章
互联网股权融资

- 2017年互联网股权融资发展情况
- 互联网股权融资的发展环境
- 互联网股权融资的主要问题与挑战
- 互联网股权融资的发展趋势与展望

2017年，随着互联网金融风险专项整治工作深入推进，互联网股权融资业务①进入规范发展新阶段。互联网股权融资规模呈上升态势，新增融资主要投向消费升级和产业升级领域，对国家"双创"支持力度加大，但行业可持续健康发展依然面临深层次的问题和挑战。

---

① 本章指互联网非公开股权融资。

第一节　2017年互联网股权融资发展情况

本节选取18家具有代表性的互联网股权融资平台①（以下简称样本平台）作为样本，搜集整理了行业发展情况数据，深入分析我国互联网股权融资行业的总体情况、结构特点、问题和挑战，并展望未来发展趋势。

一、平台家数趋于稳定，逾四成平台单一经营互联网股权融资业务

截至2017年末，全国互联网股权融资平台共计114家，当年新上线平台仅5家，新上线平台家数比2015年和2016年分别减少45家和13家。由于新上线平台减少，存量平台优胜劣汰，平台家数趋于稳定。从2011年以来新上线平台家数的变动趋势看，2011—2013年我国互联网股权融资处于起步阶段，2014年和2015年处于快速发展期，近两年总体呈收敛态势。2011—2013年累计新上线平台7家，2014年和2015年新上线平台分别为34家和50家，2016年、2017年新上线平台大幅减少，2016年上线18家，2017年上线5家。

从平台的业务经营情况看，51家平台经营互联网股权融资业务，占全部平台家数的44.7%；49家平台同时经营互联网股权融资、产品众筹、公益众筹等多种业务，占比为43.0%；13家平台除了经营互联网股权融资外，还经营网贷、私募基金、资产管理、信托销售等其他业务，占比为11.4%。此外，还有4家平台同时经营互联网股权融资和股权转让业务，占比为3.5%。

二、逾六成平台集中在北上深等地区，活跃用户分布较广

平台分布在全国20个地区，其中，北京、深圳和上海的平台家数及占比依次为30家

---

① 选取的18家样本互联网股权融资平台分别为爱就投、多彩投、京东东家、开始吧、零壹金服、蚂蚁天使、迷你投、投壶网、星火乐投、宜天使、原始会、云投汇、众投邦、抱团投、众筹中原、第五创、合伙吧、大股东，下文中平台投资者相关数据中不含投壶网和众筹中原，项目融资轮次数据不含第五创，行业和地域数据不含大股东。

（26.3%）、23家（20.2%）和22家（19.3%），三个地区平台家数合计75家（65.8%）；平台家数在3家以上的地区依次为广东（7家）、浙江（7家）、山东（4家）、四川（4家）、湖北（3家）；河北、重庆、广西、云南、新疆、陕西、甘肃、江苏、江西和辽宁仅1家。

全国平台的活跃用户数为36.6万人，分布于全国31个省市地区，其中，活跃用户数在3万人以上的地区为北京、广东和上海，活跃用户人数及占比依次为6.93万人（18.9%）、3.80万人（10.4%）、3.10万人（8.5%），三个地区合计占比37.8%；活跃用户人数1万~2万人的地区依次为浙江（2.97万人）、江苏（2.77万人）、深圳（2.18万人）、四川（1.48万人）、山东（1.13万人）、河北（1.07万人）、福建（1.03万人）和湖北（1.03万人）；其他地区的活跃用户数均在1万人以下。

三、新增投资人数和投资金额增长较快，个人新增投资额增长明显快于机构新增投资额

2017年，样本平台新增注册用户约103.5万人，同比下降13.7%，新增注册用户较2015年和2016年分别减少44.1万人和16.5万人。新增投资人数约4万人，同比增长56.2%；新增投资人数较2015年和2016年分别增加2.9万人和1.4万人。新增投资人次约8.2万次，同比增长84.5%；新增投资人次增速较新增投资人数增速高28.3个百分点。平台新增投资人数增速大幅高于新增注册用户，以及新增投资人次增速高于新增投资人数增速，表明互联网股权投资人进一步向实际投资者集中，合格投资者重复进行股权投资的次数在增加，行业发展趋于理性成熟。

2017年，样本平台新增投资额约27.3亿元，同比增长41.3%，新增投资额较2015年和2016年分别多14.9亿元和8亿元。其中，个人新增投资额约22.2亿元（占新增投资额的81.3%），同比增长74.8%，增速较2016年提高32个百分点；个人新增投资额较2016年分别多13.2亿元和9.5亿元。机构新增投资额约5.1亿元（占新增投资额的18.7%），同比下降22.8%；机构投资额较2016年少1.5亿元，机构新增投资额的占比较个人新增投资额低63个百分点。个人新增投资额增速明显高于机构新增投资额增速，以及个人新增投资额占比大幅高于机构新增投资额占比，表明个人投资者在互联网股权融资中的重要度上升，同时也表明互联网股权融资拓展了我国居民的投资渠道。

四、逾五成个人投资者的投资额在5万元以下，近七成机构投资者的投资额在10万元以下

2017年，投资额在5万元以下、5万~10万元（含）、10万~30万元（含）、30万~50万元（含）、50万~100万元（含）以及100万元以上的个人投资者人数及占比分别为11 871人（55.6%）、4 585人（21.5%）、3 628人（17.0 %）、680人（3.2%）、408人（1.9%）和162人（0.8%）（图9-1和图9-2）。

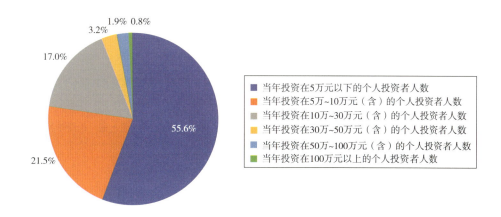

数据来源：中国互联网金融协会整理。

图9-1　2017年样本平台个人投资者投资人数占比

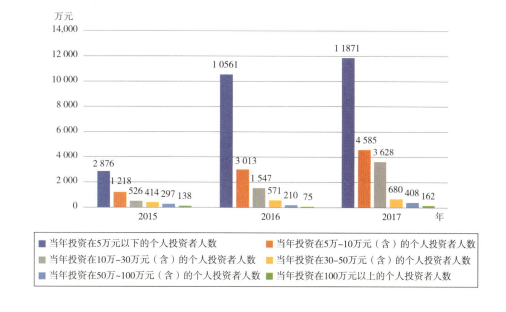

数据来源：中国互联网金融协会整理。

图9-2　2015—2017年样本平台个人投资者投资额分布

　　同期，投资额在10万元以下、10万~30万元（含）、30万~100万元（含）、100~1 000万元（含）以及1 000万元以上的机构投资家数及占比分别为741家（57.9%）、296家（23.1%）、135家（10.5%）、91家（7.1%）和17家（1.3%），其中，投资额在30万元（含）以下的家数占比较2015年和2016年分别提高27个和13个百分点（图9-3和图9-4）。个人投资者和机构投资者的投资额均呈现小额化趋势的原因可能跟2017年实体经济不景气，优质资产较少，投资者对互联网股权融资趋于谨慎有关。

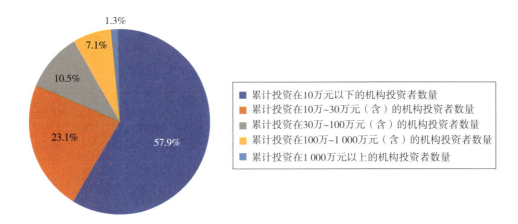

数据来源：中国互联网金融协会整理。

图9-3　2017年样本平台机构投资者数量占比

数据来源：中国互联网金融协会整理。

图9-4　2015—2017年样本平台机构投资者投资额分布

五、项目融资成功率上升，单个项目融资额明显下降

2017年，样本平台新增上线项目1 247个，同比增长27.4%；当年新增上线项目数较2015年和2016年分别多964个和268个。其中，新增成功融资的上线项目1 070个，同比增长42.1%；当年新增上线项目成功融资项目数较2015年和2016年分别多831个和317个。样本平台新增上线项目融资成功率（当年新增成功融资的上线项目数/当年新增上线项目数）为85.8%，融资成功率较2015年和2016年分别上升1个和9个百分点。

同年，样本平台新增成功融资额29.7亿元，同比下降9.2%。平均单个项目新增成功融资额278万元，较2015年和2016年分别减少326万元和157万元，同比下降36.1%。

六、逾九成新增项目的融资轮次处于种子轮，种子轮和C轮及以后的新增项目融资额增长较快

2017年，样本平台新增项目的融资轮次处于种子轮、天使轮、Pre-A轮、A轮、B轮和C轮及以后的项目数量及占比分别为808个（92.4%）、18个（2.1%）、13个（1.5%）、10个（1.1%）、8个（0.9%）和17个（1.9%）；项目融资额及占比分别为9.4亿元（55.2%）、3 621万元（2.1%）、6 480万元（3.8%）、6 526万元（3.8%）、1.1亿元（6.3%）和4.9亿元（28.8%）（图9-5和图9-6）。处于种子轮的新增项目数占比和融资占比分别较2016年提高14个和25个百分点。样本平台的融资轮次集中在种子轮，单个项目融资额明显下降，表明互联网股权融资加大了对"双创"的支持力度。

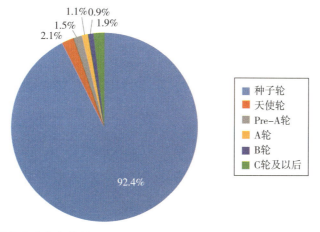

数据来源：中国互联网金融协会整理。

图9-5 2017年样本平台不同融资轮次项目数分布

同年，样本平台处于种子轮和C轮及以后的新增项目融资额分别同比增长84.7%和149.8%，处于天使轮、Pre-A轮、A轮和B轮的新增项目融资额分别同比下降79.8%、61%、76.8%和71.8%。

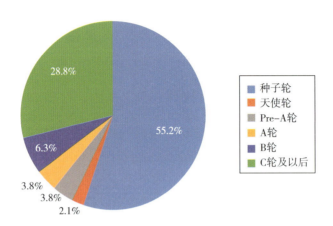

数据来源：中国互联网金融协会整理。

图9-6 2017年样本平台不同融资轮次融资总额分布

七、新增项目融资集中在消费升级和产业升级领域

2017年，样本平台新增融资项目数在100个以上的行业，项目数及占比依次为：酒店住宿（406个，38.2%）、美食餐饮（215个，20.2%）、农业（179个，16.9%）和本地生活（144个，13.6%）。以上4个行业项目数及占比合计为944个（占比88.9%）。文化娱乐、金融、信息技术、教育等。其他行业新增融资项目数均在30个以下。

同年，样本平台新增项目融资额在1亿元以上的行业，融资额及占比依次为：酒店住宿（15.9亿元，55%）、信息技术（2.1亿元，7.4%）、美食餐饮（2.1亿元，7.3%）、金融（1.7亿元，6%）和农业（1.4亿元，4.8%），以上5个行业的融资额合计为23.2亿元（占比80.5%）。新增项目融资额在5千万~1亿元的行业及融资额依次为本地生活（9 597万元）、文化娱乐（7 350万元）、生物科技（7 025万元）、教育（5 560万元）和汽车交通（5 160万元）；1千万~5千万元的行业及融资额依次为先进制造（3 606万元）、物流运输（3 418万元）、智能硬件（3 166万元）、医疗健康（3 107万元）、零售（2 562万元）、企业级服务（2 277万元）；社交网络、房产服务、体育运动和广告营销等其他行业的新增项目融资额均在1千万元以下（图9-7和图9-8）。

2017年，样本平台单个新增项目平均融资额超过1千万元的行业融资额依次为生物科技（2 342万元）、信息技术（1 943万元）、金融（1 233万元）、物流运输（1 139万元）和智能硬件（1 055万元）；单个新增项目平均融资额在500万~1 000万元的行业融资额依次为医疗健康（777万元）、汽车交通（645万元）、教育（618万元）、先进制造（601万元）；社交网络、房产服务、文化娱乐和酒店住宿等其他行业的单个新增项目平均融资额均在500万元以下。酒店住宿、美食餐饮和医疗健康等消费行业的新增项目数量、融资额或单个新增项目平均融资额居前，生物科技、信息技术和智能硬件等新兴产业的新增项目融资额或单个新增项目平均融资额居前，表明互联网股权融资主要集中于消费升级和产业升级。

2017年新增项目融资额增长较快的行业及同比增速依次为智能硬件（214%）、金融（202.1%）、酒店住宿（187.8%）、农业（172.9%）、美食餐饮（101.8%）、信息技术（90.4%）、汽车交通（90.2%）和企业级服务（40.6%）（表9-1）。

表9-1　2015—2017年样本平台新增项目融资的行业分布情况表

行业名称	2017年新增融资项目数量（个）	当年新增项目融资额（万元）			当年新增项目融资增速（%）		当年单个新增项目融资额（万元）		
		2015年	2016年	2017年	2016年	2017年	2015年	2016年	2017年
酒店住宿	406	4 713	55 146	158 696	1 070.0	187.8	189	238	391
信息技术	11	17 296	11 225	21 378	−35.1	90.4	910	863	1 943
美食餐饮	215	7 991	10 349	20 878	29.5	101.8	266	116	97
金融	14	5 102	5 714	17 264	12.0	202.1	638	635	1 233
农业	179	19 069	5 119	13 970	−73.2	172.9	1 059	57	78
本地生活（不含美食餐饮）	144	9 042	32 330	9 597	257.6	−70.3	452	394	67
文化娱乐	23	8 149	13 483	7 350	65.5	−45.5	582	449	320
生物科技	3	14 050	9 550	7 025	−32.0	−26.4	4 683	3 183	2 342
教育	9	5 044	7 170	5 560	42.1	−22.5	315	717	618
汽车交通	8	3 514	2 714	5 160	−22.8	90.2	703	678	645
先进制造	6	5 510	3 000	3 606	−45.6	20.2	787	1 500	601

续表

行业名称	2017年新增融资项目数量（个）	当年新增项目融资额（万元）			当年新增项目融资增速（%）		当年单个新增项目融资额（万元）		
		2015年	2016年	2017年	2016年	2017年	2015年	2016年	2017年
物流运输	3	1 728	4 200	3 418	143.0	−18.6	864	1 050	1 139
智能硬件	3	1 656	1 008	3 166	−39.1	214.0	828	126	1 055
医疗健康	4	5 059	3 417	3 107	−32.5	−9.1	843	427	777
零售	8	7 420	25 462	2 562	243.1	−89.9	675	1 819	320
企业级服务	7	9 224	1 620	2 277	−82.4	40.6	1 153	270	325
社交网络	2	3 915	3 344	965	−14.6	−71.1	653	334	483
房产服务	2	2 000	805	885	−59.8	9.9	2 000	805	443
体育运动	2	423	2 078	683	391.2	−67.1	106	297	342
广告营销	5	2 122	2 988	520	40.8	−82.6	2 122	427	104
其他	7	646	1 522	193	135.7	−87.3	81	169	28
游戏	1	936	2 055	130	119.5	−93.7	468	411	130
旅游（不含酒店住宿）	0	3 425	2 209	0	−35.5	−100.0	428	368	—
软件服务	0	1 835	840	0	−54.2	−100.0	367	168	—

数据来源：中国互联网金融协会整理。

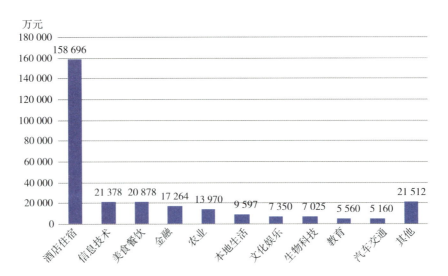

数据来源：中国互联网金融协会整理。

图9-7　2017年样本平台分行业项目成功融资额

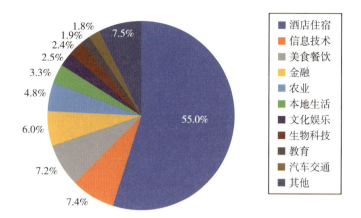

图9-8　2017年样本平台分行业成功融资额占比

八、近八成的新增项目融资集中在东部地区，部分平台布局海外业务

2017年，样本平台新增融资项目分布在东部、中部、西部的数量及占比分别为：东部774个（占比73.4%）、中部71个（占比6.7%）和西部185个（占比17.6%）。新增融资项目数量在50个以上的地区依次为：浙江（186个）、上海（180个）、北京（129个）、江苏（83个）、广东（83个）、云南（72个）、福建（65个）（图9-9）。

同年，样本平台新增融资投向东部、中部、西部的融资额及占比分别为：东部22.3亿元（占比76%）、中部1.7亿元（占比5.9%）和西部4.8亿元（占比16.2%）。新增项目融资额在1亿元以上的地区依次为：广东（6.5亿元）、浙江（3.9亿元）、上海（3.8亿元）、北京（2.9亿元）、江苏（2.1亿元）、云南（1.4亿元）、福建（1.4亿元）和四川（1.2亿元）（图9-10）。单个新增项目平均融资在500万元以上的地区及融资额依次为：广东（778万元）、海南（535万元）西藏（527万元）；融资额在300万~500万元的地区为天津（469万元）、广西（435万元）、辽宁（412万元）、宁夏（358万元）、河北（357万）、湖南（348万元）、安徽（323万元）和四川（303万元）；重庆、湖北、山西、山东、贵州等地区的单个项目平均融资在300万元以下。

随着我国企业"走出去"步伐加快，部分平台还布局了海外业务。2017年海外新增融资项目数量和融资额分别为非洲地区（1个，2 370万元）、日本（6个，1 841万元）、泰国（5个，1 210万元）、美国（1个，500万元）、柬埔寨（2个，155万元）、加拿大（2个，114万元）、法国（1个，102万元）、印度尼西亚（1个，44万元）、新加坡（1个、37万元）和台湾地区（1个，20万元）。

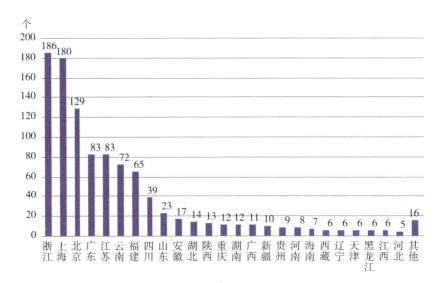

数据来源：中国互联网金融协会整理。

图9-9　2017年样本平台分地区成功融资项目数

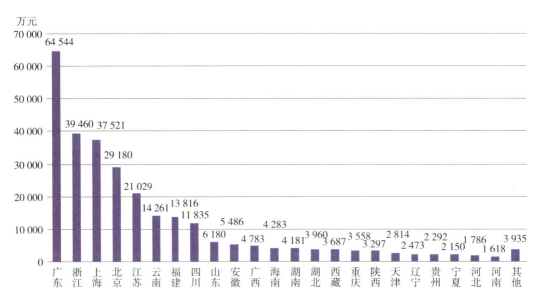

数据来源：中国互联网金融协会整理。

图9-10　2017年样本平台分地区项目成功融资额

第二节　互联网股权融资的发展环境

2017年以来，互联网股权融资的监管政策仍未出台，投资人热情总体不高，各市场主体持观望态度，平台商业模式亟待突破，社会舆论总体降温，互联网股权融资行业发展环境总体偏紧。党的十九大提出，深化金融体制改革，更好服务实体经济，提高直接融资比重，促进多层次资本市场健康发展。互联网股权融资作为多层次资本市场的组成部分，行业舆论和市场情绪有所回暖。2017年10月，中国互联网金融协会成立互联网股权融资专委会。该专委会凝聚了政产学研多方力量，在相关监管部门的指导下组织行业调研，开展政策研究，研究制定行业信息披露标准等自律规范，促进行业规范发展。在此背景下，互联网股权融资的发展环境的积极因素增多。

从社会环境看，互联网股权融资符合国家供给侧结构性改革的政策方向，有利于缓解中小微企业融资难、融资贵问题，有利于推动创新成果加速转化、推动创新驱动发展战略，并降低企业杠杆率。但由于受互联网金融部分风险事件爆发的影响以及互联网股权融资法律法规的不明确，社会大众对互联网股权融资的关注度总体不高。

从经济环境来看，2017年以来，我国经济运行稳中向好，企业经济效益继续改善，城乡居民收入增长较快，消费增长稳健。随着国民经济平稳健康发展，企业的融资需求和居民投资需求都在持续增长，为互联网股权融资奠定了较好的发展基础。

从监管环境看，互联网股权众筹试点尚未推出，互联网非公开股权融资相关监管政策尚未出台。但监管部门已开始研究制定互联网股权众筹试点方案和互联网非公开股权融资监管相关指导意见，中国互联网金融协会也加强了股权众筹融资理论和国际经验研究，为监管部门制定相关监管政策提供决策参考，支撑行业可持续发展的制度规范有望明确。

从技术环境来看，随着人工智能、大数据、区块链等数字技术应用日益广泛，越来越多的互联网股权融资平台开始尝试采用大数据分析，通过更加自动化和智能化的方式甄别筛选项目，减少人工干预。随着互联网股权融资与金融科技的深度融合，互联网股权融资行业朝着更加公开、透明、合规的方向发展。

专栏　中国互联网金融协会成立互联网股权融资专业委员会

2017年10月16日，中国互联网金融协会牵头成立互联网股权融资专业委员会（以下简称股权融资专委会）。股权融资专委会主任委员由大成基金管理有限公司副总经理、首席经济学家姚余栋担任，副主任委员由中关村并购母基金研究院院长王雪松及证监会打击非法证券期货活动局张超担任，委员来自传统金融机构、新兴互联网金融从业机构和信息服务机构和学术研究机构。

股权融资专委会的主要职责是制定互联网股权融资自律管理规则、经营细则和行业标准；组织教育从业机构遵守法律法规和互联网股权融资有关监管规定，组织开展合规及风险教育培训；依法开展互联网股权融资从业机构自律管理及检查，维护互联网股权融资市场秩序；履行互联网股权融资法律法规和有关监管规定及协会理事会赋予的其他职责。

自成立以来，股权融资专委会在证监会、人民银行等监管部门的支持指导下共召开两次工作会议，完成了包括互联网非公开股权融资的信息披露、投资者适当性制度和长效机制建设以及股权众筹的可行性和必要性、平台的条件与责任、投资者权益保护在内的多项研究课题，并经过多次研讨形成了《互联网金融　信息披露　互联网非公开股权融资》标准草案稿。

第三节　互联网股权融资的主要问题与挑战

为了解互联网股权融资行业存在的主要问题与挑战，中国互联网金融协会于2017年开展了互联网股权融资行业发展情况的专项调查。该调查共收回问卷55份，剔除其他类型的众筹平台，收回互联网股权融资平台调查问卷40份。根据问卷调查数据，发现互联网股权融资行业主要存在以下问题和挑战。

一、设立银行资金存管的平台占比不到三成，设立投资风险准备金或保险理赔基金的平台不到两成

调研显示，设立银行资金存管的平台占28.6%；六成平台建立了第三方支付资金存管。还有11.4%的平台尚未实施资金存管。平台设立资金存管的占比较低，既有平台自身节省成本的考虑，也有银行和第三方支付机构认为互联网股权融资平台的法律地位不明确，从合规角度考虑不愿对接平台的资金存管业务的原因。投资风险准备金方面，仅有14.3%的平台已设立，54.3%的平台计划设立，8.6%的平台无设立计划，22.9%的平台尚未考虑是否设立。

二、项目经营失败、项目欺诈和资金不当管理使用等风险较为突出

问卷调查数据表明，65.7%的平台认为项目经营失败导致投资失败是互联网股权融资领域的首要风险。选择项目欺诈、对筹集资金的不当管理与使用产生的流动性风险、入资方式风险和股权融资平台权利义务模糊产生的风险等主要风险的平台占比分别为54.3%、40.0%、25.7%和20.0%。

三、监管政策不明朗、投资人市场不成熟和行业规则不完善等因素制约行业发展

调研显示，68.6%的平台认为监管政策不明朗是制约行业发展的主要因素；投资人市

场不成熟（48.6%）、行业规则不完善（28.6%）、优质项目少（22.7%）、平台水平参差不齐，风控能力较弱（22.7%）、行业自律体系不完善（20.0%）等方面也是制约行业发展的主要因素。

第四节　互联网股权融资的发展趋势与展望

一、随着相关监管政策出台，行业规范发展态势更加明显

未来，随着互联网股权融资行业的监管政策趋于明朗，行业的信息披露、资金存管、备案和退出标准等相关行业标准和自律管理规则也将逐步建立。在此背景下，互联网股权融资行业的风险将得到有效防控，行业规范发展态势更加明显，对实体经济的支持力度将会提升。

二、主流平台格局初步形成，行业壁垒将持续抬高

在政策和市场多重因素作用下，互联网股权融资行业经历了萌芽期、爆发期、增长期和洗牌期。在经历了近两年平台大量倒闭的洗礼后，一些伪众筹平台、不合规平台以及大量缺乏竞争力的小弱平台被淘汰出局，行业优质资源呈集聚之势，主流平台格局初步形成。但随着行业监管政策逐步明朗，部分处于观望状态或暂时退出市场的、具有较强股东实力的平台或将再次进入，可能对行业竞争格局产生影响。

三、金融科技将驱动互联网股权融资平台智能升级

未来，随着云计算、大数据、人工智能等在金融领域的应用日趋成熟，金融科技也将被逐步探索应用到互联网股权融资业务全流程中，从而真正推动互联网股权融资，实现投融资流程简便快捷、交互方式智能、交易成本低廉和服务过程高效的期望。随着中小微企业交易和管理行为的数字化，通过技术手段建立企业信用评价体系，使企业在投资人面前更透明和可信，将有助于提升项目信息透明度，防范项目欺诈风险。

专题

- 数字普惠金融发展调查研究
- 互联网金融以案说法
- 人工智能技术及其在金融领域的应用
- 互联网金融标准化工作
- 全国互联网金融登记披露服务平台介绍

专题1　数字普惠金融发展调查研究

作为数字技术和普惠金融深度融合的产物，数字普惠金融有助于降低金融服务门槛和成本，缓解物理网点和营业时间限制，破解普惠金融服务"最后一公里"难题，使欠发达地区、农村地区、小微企业、低收入人群等能够获取价格合理、安全便捷的金融服务。中国互联网金融协会在问卷调查和数据分析（所有数据截至2017年末）的基础上，系统梳理并重点分析商业银行、个体网络借贷机构和非银行支付机构面向小微企业和"三农"群体的数字普惠金融发展实践，详细探讨新兴技术在数字普惠金融发展中的作用和价值，深入剖析数字普惠金融面临的主要问题和挑战，提出针对性政策建议。

第一节　商业银行数字普惠金融发展实践

商业银行有效样本共35家，包括国有大型银行4家、邮储银行1家、股份制商业银行4家、城市商业银行18家、民营银行3家和农村商业银行5家。

一、商业银行数字普惠金融发展现状

（一）数字普惠金融组织架构持续优化和完善。银监会等十一部委印发的《大中型商业银行设立普惠金融事业部实施方案》（银监发〔2017〕25号）要求，推动大中型商业银行设立聚焦小微企业、"三农"、创业创新群体和脱贫攻坚等领域的普惠金融事业部。截至2017年末，全部国有大型银行和绝大部分股份制商业银行均已设立普惠金融事业部。其他商业银行也结合自身业务特色和管理机制，明确了具体协调负责普惠金融业务的部门，如战略发展部、零售金融部、网络金融部、中小企业部和消费者权益部等。

（二）面向小微企业的数字普惠金融服务着力发展互联网线上融资。为有效解决小微企业融资难、融资贵问题，88.6%的样本商业银行设计开发了互联网线上融资类数字普惠金融产品，在为小微企业提供便捷、高效、灵活的融资服务同时，也降低了机构自身的运营成本，拓宽了获客渠道（表专1-1）。

表专1-1　部分样本商业银行面向小微企业提供的线上融资产品

类型	银行—产品
国有大型银行	农业银行—数据网贷　建设银行—小微快贷 交通银行—POS贷、沃易贷、房二贷、在线优贷通
邮储银行	邮储银行—小微易贷
股份制商业银行	华夏银行—电商贷　兴业银行—循环贷 恒丰银行—发票贷、恒信快贷
城市商业银行	北京银行—短贷宝　上海银行—宅即贷　宁波银行—金色池塘 吉林银行—吉税贷　兰州银行—税e通　宁夏银行—税e贷 浙江泰隆银行—税e贷　锦州银行—即时贷、自助循环贷款 泉州银行—自助循环贷　潍坊银行—循环贷　桂林银行—乐意贷
民营银行	微众银行—微业贷、车商贷、微路贷 新网银行—创客贷
农村商业银行	广州农村商业银行—悦享融

数据来源：中国互联网金融协会根据调查问卷整理。

（三）面向"三农"的数字普惠金融服务立足于提升可得性和获得感。样本商业银行主要从数字普惠金融的综合平台、服务模式和业务产品等方面切入，延伸服务半径，拓宽服务渠道，不断提升"三农"对金融服务的可得性和获得感（表专1-2）。

表专1-2　部分样本商业银行面向"三农"打造的数字普惠金融平台、模式和产品

类型	银行—平台、模式、产品
国有大型银行	农业银行—惠农e通　建设银行—裕农通
邮储银行	邮储银行—E捷贷
股份制商业银行	兴业银行—银银平台
城市商业银行	吉林银行—众享贷　郑州银行—农家乐 兰州银行—农村产权信息化综合服务平台 广东南粤银行—网络微贷 宁夏银行—如意金扶贷、如意养殖贷 浙江泰隆商业银行—信贷工厂模式　桂林银行-桂农贷 江苏长江银行—旺农贷
农村商业银行	广州农村商业银行—村民e贷

数据来源：中国互联网金融协会根据调查问卷整理。

二、新兴技术应用和运作模式创新

（一）新兴技术应用研发的总体情况

样本商业银行高度重视新兴技术的研发应用。其中，移动互联网和大数据技术应用效果已充分显现。由于技术成熟度和监管合规要求等因素，对生物识别、云计算、人工智能等技术的应用仍处在探索推进过程中。对区块链和物联网技术的应用相对而言还较为谨慎。样本商业银行对于加大新兴技术研发投入达成一定共识，且均较为注重研发和应用的紧密结合（表专1-3）。一方面充分利用外部资源，大胆尝试通过合作模式实现技术的快速研发落地。另一方面依托自身资源，全力开展新兴技术自主研发，提升核心技术竞争力。出于资金、人才的优势，以及技术和信息安全等因素，样本商业银行一般较少选择外包研发。

表专1-3　样本银行业金融机构新兴技术研发应用情况

单位：%

新兴技术	应用比例	自主研发占比	合作研发占比	外包研发占比
移动互联网	91.4	37.5	56.3	6.3
大数据	71.4	44.0	52.0	8.0
云计算	31.4	45.5	45.5	9.1
人工智能	25.7	33.3	44.5	22.2
生物识别	48.6	35.3	47.1	17.7
物联网	5.7	0.0	50.0	50.0
区块链	17.1	50.0	33.3	16.7

数据来源：中国互联网金融协会根据调查问卷整理。

（二）新兴技术应用的主要特点

样本商业银行数字普惠金融业务中，大数据技术是当前银行业应用最普遍的新兴技术之一，应用场景主要为信贷管理、风险防控和客户画像等方面。人工智能是当前银行业应用最热门的新兴技术之一，应用场景主要为智能客服、智能风控、网点机器人、智能投顾等方面。区块链技术是当前银行业较为关注的新兴技术之一，总体应用还处于起步阶段，应用场景主要为票据管理、信贷管理、供应链金融等方面。

（三）运作模式创新的探索实践

当前，商业银行积极开展对外合作，不断创新数字普惠金融业务的运作模式，提升运营效率和质量。样本商业银行外部合作呈现三大特点：一是与互联网公司合作日趋增多，着重提升技术应用能力；二是当前与政府部门的合作主要集中在税务机关，着重解决小微企业信贷难题；三是同业合作日益紧密，力图实现优势与资源互补。

三、面临的主要问题和挑战

（一）发展理念和运行机制存在一定制约

对商业银行发展数字普惠金融的监管政策、自律规则和行业标准等还有待进一步完善。基于传统的内部运行机制和管理模式，商业银行开展数字普惠金融业务往往需要多条线、多部门共同参与，流程复杂，周期冗长，容易错失有利的时间窗口。

（二）创新产品和技术应用存在一定不足

商业银行开展数字普惠金融业务仍以提供融资、支付结算等基础金融服务为主，且产品服务等存在一定同质化倾向，难以满足多层次、多样化的普惠金融需求。在技术应用方面，往往过于注重相关新兴技术的可靠性、稳定性和合规性。同时，由于业务条线和技术条线的目标导向不一致、可用资源不匹配等原因，除移动互联网和大数据技术的应用已较为普遍外，其他新兴技术在数字普惠金融中的应用尚在初步探索中。

（三）人才储备和业绩考核存在一定限制

在互联网和众多科技公司的竞争下，商业银行人才缺口问题逐渐凸显，特别是中小型商业银行，往往缺乏也难以留住既懂金融又懂技术的高素质、专业型、复合型人才。同时，由于数字普惠金融业务通常无法在短期内实现盈利，商业银行重视成本收益的传统考核办法对有关部门和人员推进数字普惠金融缺乏足够激励，也不利于人才培养和储备。

（四）信息安全和风险管控存在一定挑战

数字普惠金融业务全流程的数据化使得数据量显著增长，数据分级、加密、访问权限控制等安全措施对硬件性能提出了更高要求。同时，网络安全、系统安全、应用安全、数据安全等多层次的安全部署都需要满足新兴技术环境下的架构和模式，对商业银行原有的信息安全技术和管理体系提出了新挑战。

第二节　个体网络借贷机构数字普惠金融发展实践

个体网络借贷机构有效样本共81家。样本个体网络借贷机构的成立时间普遍较长，2017年末总体借贷余额占行业总余额规模的51.1%，具有一定的行业代表性。

一、个体网络借贷机构数字普惠金融发展现状

（一）总体向小微企业和"三农"倾斜

样本个体网络借贷机构中超七成已开展面向小微企业的借款服务，近三成已开展面向"三农"群体的借款服务，面向小微企业和"三农"的借贷服务持续深化。

（二）个体网络借贷机构面向小微企业服务的模式特点

一是重点支持广东、北京、江苏等小微企业分布密集的地区，以及自然人年收入在20万元以下的微型企业主和企业年收入100万元以下的微型企业。

二是针对小微企业不同的融资目的、生产需求和现金流情况，提供额度、期限、还款方式灵活，以及风险定价差异化的产品。已开展小微企业借款服务的样本个体网络借贷机构中60.0%提供了至少2种借款产品，满足小微企业支付货款、发放工资、扩大经营、流动性周转等方面的需求。

三是产品符合小微企业借款急、期限短、金额小的需求特点。样本个体网络借贷机构中69.8%可实现平均48小时内放款，34.9%可实现平均24小时内放款，面向小微企业产品的实际平均借款期限为10.1个月。

（三）个体网络借贷机构面向"三农"服务的模式特点

一是重点支持山东、河南、安徽等农业大省的"三农"群体，主要满足以购置农业原料和扩大经营为主要目的的融资需求，重点服务年收入5万元以下的低收入"三农"群体。

二是面向"三农"的借款产品设计贴合农业生产和经营活动周期较长的特性。问卷

调查显示，77.5%面向"三农"的借款产品无须抵押物且借款门槛较低，设计最长借款期限为12个月及以上的产品数量占比超过85.0%，普遍支持先息后本、一次性还本付息等本金还款相对延迟的付款方式，较符合农业生产周期和现金流特点。

三是面向"三农"的产品放款时效高，小额分散趋势明显。2017年，样本个体网络借贷机构中，64.7%可实现平均48小时放款，35.3%可实现平均24小时放款。面向"三农"的实际平均借款期限为10.2个月，笔均与人均借贷额度分别较2016年下降11.8%和18.5%，个体网络借贷重点支持对象正从大型农业经销商和大农户逐渐转向小农商户和小农户。

二、新兴技术应用和运作模式创新

（一）新兴技术应用的类型与主要场景

个体网络借贷在面向小微企业和"三农"开展服务过程中，已开始应用移动互联网、大数据、人工智能、云计算、生物识别、区块链、物联网等新兴技术，35.0%的样本个体网络借贷机构已至少应用三种以上新兴技术（图专1-1）。样本个体网络借贷机构对新兴技术的应用遍布业务各环节，包括获客阶段的客户画像、贷前的反欺诈和信用评分、贷后的风险管理等。同时，多数样本个体网络借贷机构还通过应用新兴技术实现业务流程的自动化，努力探索数据驱动业务的"智能化"。

数据来源：中国互联网金融协会根据调查问卷整理。

图专1-1　样本个体网络借贷机构新兴技术应用占比

（二）新兴技术应用的典型实践

以反欺诈和风险定价为例，新兴技术的应用一是通过生物识别技术进行身份信息核验。二是通过数据挖掘技术，针对客户授权的各类信用数据进行抓取解析，进行高纬度的交叉验证。三是结合机器学习技术，建立模块化、体系化的决策引擎平台并部署信用评分卡，自动判断小微企业和"三农"群体的偿债能力和意愿，根据不同的风险等级进行定价，由系统自动生成相匹配的额度、费率、期限的授信批复方案。四是通过电子签名等技术，优化客户的签约体验并提升效率。

（三）运作模式创新的探索实践

样本个体网络借贷机构在流量获客、数据合作和技术赋能等层面积极与科技公司、同业机构开展广泛合作。在流量获客层面，样本个体网络借贷机构在线上与各类流量平台、场景方，在线下与助贷机构、支持生产经营的相关生产资料和服务提供商合作获客。在数据合作层面，一方面从合作机构查询风险黑名单，另一方面在借款人授权的前提下采集多维度数据开展智能分析，实现反欺诈、风险定价和贷后管理。在技术赋能层面，对于生物识别、语义识别、物联网等新兴技术，多数样本个体网络借贷机构选择向专业科技公司采购成熟的技术解决方案，或者在购入相关系统之后，根据自身业务的需求自主进行二度研发。

（四）面向小微企业和"三农"的能力建设

样本个体网络借贷机构通过提升生产经营和财务管理能力、增强金融素养和普及法律知识应用等，助力小微企业和"三农"群体的持续成长。比如，利用对小微企业风控信审环节的分析结果，帮助小微企业理解自身财务情况和经营风险，对企业的库存管理、账务管理等提出改进建议；调动生态圈资源，为农民提供科学种植经营指导、对接供应链上下游资源、帮助销售农产品等。

三、面临的主要问题和挑战

（一）获客难度仍然较大

目前我国小微企业和"三农"群体的经营活动数字化程度总体相对较低，通过线上渠道所能触达的客户群体通常局限于小部分对数字技术熟悉，或者经营线上化、数字化程度较高的小微企业和"三农"群体。

（二）风控挑战仍然较多

小微企业和"三农"群体经营和财务管理的规范性程度较低，对其各类资料真实性的判断较为困难，信用审核难度较大。同时，远程线上的风控数据渠道相对匮乏，个体网络借贷机构风控面临较多挑战。

（三）服务成本仍然较高

由于部分损害金融消费者权益的恶性事件对行业整体声誉造成了较大影响，个体网络借贷机构在拓展和经营客户时，需要花费较多资源向客户澄清误解和普及相关知识，提高了自身运营成本。

（四）新型抵质押模式仍有制约

农村的"两权"抵押目前仍面临抵押主体资格认可度低、抵押财产流转市场有待健全等问题。科技型小微企业以专利等无形资产作为抵质押物，面临资产评估难、手续办理流程长、流转交易不顺畅等问题。同时，相关法律法规以及配套流程也有待补充完善。

第三节　非银行支付机构数字普惠金融发展

非银行支付机构有效样本共23家，其中包括支付宝、财付通两家市场占有率较大的代表性机构。

一、非银行支付机构数字普惠金融发展现状

（一）非银行支付机构面向小微企业服务的交易笔数和交易金额齐升

2017年，样本非银行支付机构面向小微企业服务的交易笔数2 004.1亿笔，交易金额68.9万亿元，分别较2016年增加292.0%和89.8%。

（二）非银行支付机构面向小微企业服务根据交易金额不同呈现差异化

2017年，样本非银行支付机构面向小微企业服务的单笔百元以下交易以互联网支付

和线下条码支付为主，单笔千元以上交易以线下银行卡收单为主，符合非银行支付政策导向和安全要求。

（三）非银行支付机构面向小微企业服务集中于消费及零售等生活场景

2017年，样本非银行支付机构服务的小微企业主要集中在餐饮类（34.9%），水电气缴费（19.3%）和加油、超市类（16.7%）行业，与数字普惠金融场景覆盖范围具有一定正相关性（图专1-2）。

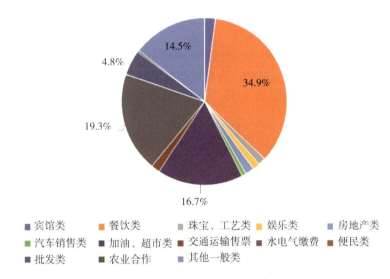

数据来源：中国互联网金融协会根据调查问卷整理。

图专1-2　样本非银行支付机构服务小微企业的行业分布

二、新兴技术应用和运作模式创新

（一）新兴技术研发应用类型

样本非银行支付机构发展数字普惠金融应用最为广泛的新兴技术依次为移动互联网（100%）、大数据（64.7%）、生物识别（52.9%），云计算、人工智能、物联网、区块链技术在少部分样本非银行支付机构也有应用（图专1-3）。多数样本非银行支付机构以自主研发方式进行新兴技术研发，外包研发和合作研发方式也有一定应用。

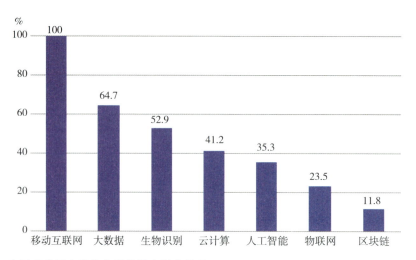

数据来源：中国互联网金融协会根据调查问卷整理。

图专1-3 样本非银行支付机构新兴数字技术应用占比

（二）新兴技术应用的典型实践

大数据技术是样本非银行支付机构应用最为广泛的新兴技术之一，其中，81.82%的机构将大数据技术应用于风险防控，18.2%的机构应用于获客。生物识别技术受到样本非银行支付机构的普遍关注和推广，在用户登录、实名认证、找回密码、商家审核、支付风险校验等场景中应用较多。人工智能应用主要集中在智能客服、智能风控及智能营销等方面。

（三）运作模式创新的探索实践

样本非银行支付机构积极探索运作模式创新，努力尝试"支付+增值服务"，为小微企业提供更加多元的服务和产品，并增强自身商业可持续能力。其中，83.3%的样本非银行支付机构为小微企业提供"支付+硬件服务"，通过线下+线上的有效布局，发挥软件和硬件的集合优势，提供更加多元化的支付受理渠道，形成更全面的应用场景覆盖。41.7%的样本非银行支付机构为小微企业提供"支付+资金管理"服务，对现金流进行有效管理、归集和实时精准分析，在此基础上为小微企业提供采购、财务、金融等方面的建议，提高小微企业运营效率，降低小微企业运营成本。41.7%（图专1-4）的样本非银行支付机构为小微企业提供"支付+营销支持"服务，在对资金流进行处理的同时，帮助小微企业对多场景、多维度用户数据流进行精准分析，对潜在客户进行精准画像，提升小微企业获客转化率。

数据来源：中国互联网金融协会根据调查问卷整理。

图专1-4 样本非银行支付机构为小微企业提供的增值服务分布

三、面临的主要问题和挑战

（一）商户准入及身份识别存在困难

农村及偏远地区的商户因身份信息识别困难造成非银行支付机构无法全面采集信息，无法为其办理准入并提供服务。部分小微企业因资质不全，无开户许可证、特殊行业资质或代理品牌授权书而无法接入非银行支付服务。非银行支付机构开展线下现场核实的成本较高，影响普惠金融服务的可持续性。

（二）信息安全管理存在不足

部分非银行支付机构信息安全保护意识比较薄弱，信息安全机制缺失或有待完善，安全控制措施不到位，木马、钓鱼以及数据泄露等事件时有发生，对数字普惠金融服务对象的信息安全和资金安全构成较大威胁，个人信息与数据的保护还需进一步加强。

（三）农村及偏远地区服务可开发空间依然较大

由于农村及偏远地区金融基础设施落后、人口分散、金融交易规模小、居民金融知识教育不足等原因，新型支付方式不容易被理解和运用。同时，农村及偏远地区信息收集、风险甄别、基础设施建设及持续管理成本较高，短期内无法产生明显经济利益，导致非银行支付机构在面向农村及偏远地区提供数字普惠金融服务时，普遍存在动力不足或投入不够的情况。

第四节　推动我国数字普惠金融发展的政策建议

从调研结果看，近年来，数字普惠金融受到高度关注，得到快速发展，在延伸金融服务半径、拓宽金融服务渠道、降低金融服务成本、提高金融服务效率和质量等方面正在体现越来越重要的价值，已成为普惠金融发展重要且必不可少的一部分。特别是银行业金融机构、个体网络借贷机构和非银行支付机构等结合自身业务特点和资源储备，既在各自优势领域深耕细作，又积极探索协作互补共赢，分别发挥了作为数字普惠金融"主力军"和"生力军"的积极作用。

与此同时，由于数字普惠金融在业务模式、技术属性、风险特征等方面的新特点，也带来了一些新挑战，银行业金融机构、个体网络借贷机构和非银行支付机构在发展数字普惠金融业务中还面临一些个性问题。为此，在推进数字普惠金融的过程中，不能仅靠技术单兵突进，把技术过度神化泛化，而应该研究推动包含政策、制度、技术等在内的一揽子、系统性的解决方案。

一、总体政策建议

（一）构建数字普惠金融的政策支持体系

坚持普惠金融服务主体的公平准入、公平竞争和公平规制，着力破解不合理政策约束和制度瓶颈，增强数字普惠金融发展的内生动力。通过各有侧重、相互协调、有机衔接的货币政策、信贷政策、财税政策及其他配套政策，为数字普惠金融发展创造良好的政策环境。支持各地区结合基础设施条件、产业结构等具体情况，因地制宜发展移动金融、供应链金融等特色业务模式。

（二）完善数字普惠金融的风险治理体系

逐步制定完善相关法律法规，明确服务供给、需求主体的权利义务，确保数字普惠金融纳入法治化轨道。建立完善数字普惠金融的行为监管、审慎监管和市场准入体系，注重借鉴监管沙箱、监管科技等新理念，利用数字技术改进监管流程和能力，探索针对数字普惠金融的区域试点、产品试验、压力测试等创新管理机制，使创新带来的风险处于可管可控范围。发挥行业自律作用，通过制定信息披露、信息安全、业务经营等行业标准和规则，降低行业整体发生风险概率，督促从业机构提高风险管理能力。

（三）建立数字普惠金融的技术创新体系

推动建立完善事业部、实验室、矩阵制项目组等创新管理平台，以客户普惠金融需求为中心，加强数字技术创新应用和产品研发。比如，深入运用大数据技术，完善客户画像、市场营销、风险定价等业务功能，开展精细化、精准化的普惠金融创新。大力运用移动互联技术，与电子商务、公共服务等场景紧密结合，实现服务的实时化、随身化和移动化。加快运用云计算技术，实现业务系统弹性扩展和金融服务集约式发展，更好地适应小微客户"单笔小额、海量交易"的特点。此外，还应积极探索人工智能、区块链等新兴技术在大众理财、精准扶贫等普惠金融领域的创新应用。

（四）建设数字普惠金融的基础设施体系

加大公共部门、社会资本等多元化投入，进一步完善支付清算、信息通信等基础设施体系，使普惠金融服务能够安全、可信、低成本地扩展到更广泛的区域和群体。依法使用传统银行信贷数据以及电子商务、公共缴费、网络金融交易等新型数据，逐步建立覆盖全社会的普惠金融信用信息体系。推进数字普惠金融统计和监测评估体系建设，实施动态监测与跟踪分析。加快数字普惠金融标准体系建设，提高普惠金融在服务要素、信息安全、隐私保护、产品定价、合同文本、合格投资者认定等方面的标准化、规范化水平。

（五）完善数字普惠金融的消费者保护体系

通过安全简单的操作界面、通俗易懂的产品说明等，让金融服务变得更加易于操作，妥善解决"数字鸿沟"问题，避免产生新的金融不公平。通过数字可视化的信息披露、产品登记、风险提示等，提高普惠金融服务透明度。运用数字技术建立远程客服、在线投诉、争议处理等机制，丰富消费者保护手段。广泛利用传统媒体、数字媒体等渠道，加强在"可教育时刻"和关键时点的普惠金融信息推送和知识普及，实现精准教育，提高消费者数字金融能力和素养。

二、银行业金融机构数字普惠金融发展的政策建议

（一）政策和监管层面：完善监管政策，优化发展环境

在鼓励银行业金融机构借助互联网等现代信息技术手段发展普惠金融的原则指引下，根据普惠金融政策目标要求，结合数字普惠金融特性，完善大数据、云计算和人工智能等新兴技术应用的监管细则，进一步明确审慎监管指标和行为监管标准。处理好防范风险和鼓励创新的关系，研究探索适合银行业金融机构经营理念和运作模式的创新管理机制，针对数字普惠金融的具体业务，在审批准入、指标监管和奖惩考核等方面给予一定的特殊性政策，留出一定的业务创新和容错试错空间，不断优化银行业金融机构数字普惠金融发展环境，提升自主性、积极性和开放性。

（二）行业组织层面：搭建平台桥梁，夯实服务支撑

搭建汇聚政产学研用各界资源的有效平台，开展热点、难点问题研究，探索业务技术效果评价，挖掘典型实践案例，推动成果经验应用推广，为银行业金融机构特别是中小型银行业金融机构发展数字普惠金融提供智力支持。同时，做好各方的桥梁纽带，对于政府和市场之间，客观反映问题诉求，正确解读监管政策，评估监管措施效果，及时传递市场反响，促进双向良性互动。对于市场主体之间，积极推动银行业金融机构同业以及与互联网公司等的交流合作，扬长避短，实现互补共赢，形成数字普惠金融发展的良好行业环境。

（三）银行业金融机构层面：强化激励考核，完善内部机制

充分认识到发展数字普惠金融是推动银行业金融机构自身转型升级的重要途径，是服务实体经济的内在要求，加强数字普惠金融战略布局和资源配置，完善业绩考核和激励机制。以建立普惠金融事业部等为契机，理顺内部机制，打破条块分割，探索模块运作，匹配适当资源，推动数字普惠金融业务产品特色化、差异化，形成错位竞争优势。以培养复合型专业型人才为关键目标，完善人才交流和轮岗机制，注重人才在技术岗位和业务岗位上的适度流动，和在不同岗位和环境下的全方位锻炼，丰富数字普惠金融人才储备。

三、个体网络借贷机构数字普惠金融发展的政策建议

（一）政策和监管层面：促进信息共享，完善监管要求

继续深入开展互联网金融风险专项整治工作，细化个体网络借贷业务规则和监管安排，推动小微企业和"三农"经营数据线上化、企业财务信息化进程，完善个体网络借贷机构面向小微企业和"三农"的线下风控政策细则，细化监管范围及要求，加强行业风险监测和日常监管，进一步为监管政策提供数据支撑。

（二）行业组织层面：加强行业自律，推动信用建设

加快推进互联网金融信用体系建设，完善覆盖个体网络借贷机构的信用信息数据采集、共享和查询服务，缓解"信息孤岛"困局、化解多头借贷风险。探索将个体网络借贷机构违约数据纳入征信系统，进一步提升借款人借款违约成本。对履行社会责任、践行数字普惠金融的代表性个体网络借贷机构进行适当宣传，引导社会舆论回归正常，督促个体网络借贷机构更好地服务实体经济，提升行业整体专业素质和风险合规意识，形成正向循环。

（三）个体网络借贷机构层面：落实整治要求，提升风控水平

切实落实互联网金融风险专项整治工作要求，持续提升风险管理和经营治理水平，共同改进行业形象和口碑。深入探索新兴数字技术应用，持续为小微企业和"三农"面临的融资困境寻找技术解决方案，并提升运营效率和控制运营成本，以努力实现自身商业可持续。加强人才队伍建设，将产业人才、金融人才和技术人才在内部形成有效融合互补，提升专业性和综合性。保持开放态度，深入开展资源合作和技术互补，在依法合规前提下，产生更多样化的业务和模式创新，提升服务实体经济和普惠金融的的覆盖率、渗透率和运营效率。

四、非银行支付机构数字普惠金融发展的政策建议

（一）政策和监管层面：加强政策支持，完善基础设施

针对信息安全问题，对新型网络违法犯罪活动组织开展集中、专项打击，营造非银行支付安全发展环境。加大支付基础设施建设，对非银行支付机构开展普惠金融服务，

特别是面向农村及偏远地区的普惠金融服务给予财税政策、产业政策和金融政策支持，鼓励条码支付、近场支付、生物识别支付等新型支付方式在偏远地区的有效落地和安全使用。考虑将非银行支付创新应用纳入智慧城市和数字政府建设中。鼓励非银行支付机构加强新兴技术与支付的融合创新，推动非银行支付机构与传统金融机构合作开展普惠金融业务。

（二）行业组织层面：倡导普惠理念，促进行业交流

积极倡导"支付回归本源，科技回归服务"的价值导向，不断提升我国非银行支付服务的质量和普惠程度。推动互联网金融统一身份核验平台建设和应用，解决非银行支付机构在开立支付账户过程中面临的身份验证渠道少、验证成本高等痛点问题。加强支付行业发展数字普惠金融、移动金融业务交流和信息共享，推动解决行业在开展数字普惠金融服务时遇到的身份核验困难、信息安全保护不足、政策支持不足等方面的问题。

（三）非银行支付机构层面：探索技术应用，加强安全保障

建立信息保障机制，强化内控管理，建立防泄露、防攻击、防病毒的安全防护体系，保证数字普惠金融服务对象的支付安全、信息安全。探索将生物识别等新兴技术应用到普惠金融服务对象管理上，推进普惠金融服务的持续深化。在准入阶段，结合生物识别技术，采用远程定位、远程开户等方式进行身份核验。在持续管理阶段，通过移动设备指纹、定位信息等手段进行后续管理。开展大数据分析，比对和分析交易，协助进行身份核验、可疑交易及风险交易的识别。

专题2   互联网金融以案说法

案例一：P2P网络借款纠纷，法院判决出借人有权向借款人要求还款

案情简介：

上海某网络信息技术有限公司经营某网络借贷平台。张某是该平台的注册会员，于2014年4月8日向该网络平台充值20万元。2014年11月，李某向该网络平台提出借款3 000元。该网络平台公布借款标书，内容包括借款本金、借款期限和年利率。平台审核后同意了李某的申请，并在系统后台形成了借款协议和居间协议，于2014年11月5日通过某第三方支付公司客户备付金账户向李某支付了2 878元（扣除了居间费）。借款到期后，李某未按时归还本息，该网络借贷平台向张某披露了李某的信息，张某诉至法院，要求李某偿付本金3 000元及利息、律师费等。

法律分析：

张某具有通过该网络借贷平台向不特定主体作出借款的意愿，李某具有通过该网络借贷平台向投资人借款的意愿。平台数据显示，李某所借款项由张某提供，因此应认定双方通过互联网形成了借贷法律关系，李某应当按约定归还借款及利息。但因本案借款协议和居间合同是后台生成保留的，没有证据表明李某在借款时知晓其具体内容，诉讼后李某也不认可上述协议、合同条款，因此张某据此要求李某承担罚息、律师费的诉请，法院不予支持，法院判决李某归还张某3 000元及利息。

投资人在投资P2P网贷时，应选择在预期收益率合理、平台信用好、交易依法合规的平台中开展；切忌在投资中一味追逐超高回报而不注重风险防范。借款人在借款中应恪守诚信，在清楚法律后果条件下，开展与自己还款能力相适应的借款行为。

法律依据：

《最高人民法院关于审理民间借贷案件适用法律若干问题的规定》

第二十二条　借贷双方通过网络贷款平台形成借贷关系，网络贷款平台的提供者仅提供媒介服务，当事人请求其承担担保责任的，人民法院不予支持。

网络贷款平台的提供者通过网页、广告或者其他媒介明示或者有其他证据证明其为借贷提供担保，出借人请求网络贷款平台的提供者承担担保责任的，人民法院应予支持。

案例二：刘某等四人非法吸收公众存款案

案情简介：

被告人刘某与余某某在深圳市龙岗区设立深圳某有限公司。该公司股东为刘某和余某某，刘某是大股东，余某某任法人代表，骆某任客服部门主管，欧某某任推广部门主管。在刘某等人操纵下，该公司于P2P网上借贷平台和QQ群（钱某某投资群）公开宣传公司的P2P业务，宣传该公司的年化收益12%~15%，标的项目均为房贷和车贷。另查明，投资人在投资时，单笔投资金额符合该公司设立的投资条件的，该公司会给投资人赠送iPhone 6手机或iPad mini 4平板电脑，投资人不需要实物的，则通过被告人余某某、公司财务陈某的支付宝账号给投资人返还折现款。

2016年7月开始，大量投资人发现其投资到期的款项不能提现，且该公司有发布不实信息的情况。深圳市公安局检查发现该公司被告人刘某将大部分的款项用于公司的日常运作开销、偿还投资客户的钱、偿还其开设公司的借款以及其日常开支，导致资金无法归还。

法律分析：

被告人刘某、骆某、余某某、欧某某未经有关部门依法批准，非法吸收公众存款，扰乱金融秩序，给存款人造成的直接经济损失数额在50万元以上，情节严重，其行为均已构成非法吸收公众存款罪。

本案涉案公司成立后，主要从事非法吸收公众资金的业务，根据最高人民法院有关规定，本案不应以单位犯罪论处。被告人余某某是涉案公司的法定代表人、股东，协助被告人刘某管理公司日常事务，而且还提供了其支付宝账号用于支付投资人利息等用途，其行为已构成被告人刘某所犯非法吸收公众存款罪的共犯。

法律依据：

《最高人民法院关于审理非法集资刑事案件具体应用法律若干问题的解释》

第一条　违反国家金融管理法律规定，向社会公众（包括单位和个人）吸收资金的行为，同时具备下列四个条件的，除刑法另有规定的以外，应当认定为《刑法》第一百七十六条规定的"非法吸收公众存款或者变相吸收公众存款"：

（一）未经有关部门依法批准或者借用合法经营的形式吸收资金；

（二）通过媒体、推介会、传单、手机短信等途径向社会公开宣传；

（三）承诺在一定期限内以货币、实物、股权等方式还本付息或者给付回报；

（四）向社会公众即社会不特定对象吸收资金。

第二条　实施下列行为之一，符合本解释第一条第一款规定的条件的，应当依照《刑法》第一百七十六条的规定，以非法吸收公众存款罪定罪处罚：

（一）不具有房产销售的真实内容或者不以房产销售为主要目的，以返本销售、售后包租、约定回购、销售房产份额等方式非法吸收资金的；

（二）以转让林权并代为管护等方式非法吸收资金的；

（三）以代种植（养殖）、租种植（养殖）、联合种植（养殖）等方式非法吸收资金的；

（四）不具有销售商品、提供服务的真实内容或者不以销售商品、提供服务为主要目的，以商品回购、寄存代售等方式非法吸收资金的；

（五）不具有发行股票、债券的真实内容，以虚假转让股权、发售虚构债券等方式非法吸收资金的；

（六）不具有募集基金的真实内容，以假借境外基金、发售虚构基金等方式非法吸收资金的；

（七）不具有销售保险的真实内容，以假冒保险公司、伪造保险单据等方式非法吸收资金的；

（八）以投资入股的方式非法吸收资金的；

（九）以委托理财的方式非法吸收资金的；

（十）利用民间"会""社"等组织非法吸收资金的；

（十一）其他非法吸收资金的行为。

案例三：温州某民间融资信息服务有限公司发布互联网金融虚假广告案

案情简介：

温州某民间融资信息服务有限公司在其经营网站上发布"震撼来袭增利宝0风险"广告，含有"预期月化收益10%~20%；当你股票上涨时让你获得额外收益；当你股票下跌时减少损失；预期收益率：预期月化收益率10%~20%；预期投资收益不作为最终承诺；本投资项目在过程中可能出现的风险和亏损，由本公司承担，投资人不承担损失"等内容。

法律分析：

上述"增利宝"广告是当事人为增加网站点击率，抄袭其他公司产品发布，实际上并没有经营该理财产品，构成发布虚假广告行为，违反《广告法》相关规定，被温州市市场监管部门责令停止发布广告，在相应范围内消除影响，处以罚款10 000元。

法律依据：

《中华人民共和国广告法》

第二十八条　广告以虚假或者引人误解的内容欺骗、误导消费者的，构成虚假广告。

广告有下列情形之一的，为虚假广告：

（一）商品或者服务不存在的；

（二）商品的性能、功能、产地、用途、质量、规格、成分、价格、生产者、有效期限、销售状况、曾获荣誉等信息，或者服务的内容、提供者、形式、质量、价格、销售状况、曾获荣誉等信息，以及与商品或者服务有关的允诺等信息与实际情况不符，对购买行为有实质性影响的；

（三）使用虚构、伪造或者无法验证的科研成果、统计资料、调查结果、文摘、引用语等信息作证明材料的；

（四）虚构使用商品或者接受服务的效果的；

（五）以虚假或者引人误解的内容欺骗、误导消费者的其他情形。

案例四：P2P平台为民间借贷提供居间服务，变相高额收费法院不予支持

案情简介：

A公司以"P2P民间往来抵押公证借款"形式为出借人蒋某、借款人丁某提供60万元的理财服务。丁某以其所有的房屋抵押并办理了抵押登记，抵押权人为蒋某。A公司每月向蒋某按照借款金额收取服务费、管理费共计0.25%，每月向丁某收取咨询费、管理费、服务费各0.5%。同时，丁某向A公司出具借条一份，借款金额为72万元，期限为6个月。丁某支付部分利息后，剩余款项一直未支付。借款到期后，丁某未按约归还借款，蒋某持丁某出具的委托书将抵押的房屋直接过户至蒋某名下。因A公司就咨询费、管理费、服务费催要无果，故将丁某诉至法院。法院将咨询费、管理费、服务费等认定为金钱债务的利息及利息的变相形态，从而适用民间借贷利率的有关规定，对超出部分不予支持。

法律分析：

A公司以"P2P民间往来抵押公证借款"形式为蒋某、丁某60万元借款提供理财服

务，要求出借人和借款人支付高达19万元的居间报酬，性质上属于通过收取高额服务费、咨询费等，变相收取远远超出法律规定的高额利息，严重损害借贷双方的利益。鉴于其民间借贷法律关系的实质，对于民间借贷利率超过受合法保护的部分，法院不予支持。还要引起注意的是，P2P借贷平台为借贷双方提供了信息交互等中介服务，但由于对该类平台的监管机制存在缺失，导致相关纠纷日益增多，其中存在的经济风险和法律风险，应引起各方的足够重视。

法律依据：

《最高人民法院关于审理民间借贷案件适用法律若干问题的规定》

第二十六条　借贷双方约定的利率未超过年利率24%，出借人请求借款人按照约定的利率支付利息的，人民法院应予支持。

借贷双方约定的利率超过年利率36%，超过部分的利息约定无效。借款人请求出借人返还已支付的超过年利率36%部分的利息的，人民法院应予支持。

案例五：潘某诉北京某信息技术公司民间借贷纠纷案

案情简介：

北京某信息技术公司（A公司）通过甲公司（P2P平台）受让了甲公司与潘某的债权。A公司取得了潘某与甲公司签订《微金融贷款申请表》《小微金融信息咨询及信用管理服务合同》的打印件。该合同约定甲公司为潘某提供小额金融服务，潘某无条件接受甲公司为其推荐的资金提供方，潘某与资金提供方之间建立借款法律关系，潘某受其签署确认的《借款协议》等文件条款的约束。

《借款协议》约定采用电子文本形式制成，并保存在顾问（顾问可委托合作的第三方）为此设立的专用服务器上备查。A公司提供了甲公司的划拨记录、还款计划表及台账，证明借款人通过平台专用账户借款54 717元，已还本金14 759.95元，利息2 490.42元，尚欠本金39 958.02元、利息6 119.69元未还，遂起诉潘某要求偿还上述款项。

潘某不认可《微金融贷款申请表》《小微金融信息咨询及信用管理服务合同》打印

件的真实性，认为没有其本人的签字，进而主张其与A公司之间不存在民间借贷关系。

法律分析：

本案主要涉及电子合同效力问题。P2P借贷与传统民间借贷具有差异性，这种差异性往往体现在其很少有纸质版的借款协议存在或者口头约定借款事项，而体现为通过登录平台获取特定的账户与密码，进而产生借贷关系。在认定电子合同效力时，除考虑到模式的特殊性，还应结合其他的证据综合认定。

潘某主张借款协议为打印件，没有本人签字，但其无法解释未在平台注册会员的情况下，如何向网络上不特定的对象借款，如何将银行账号与平台账号绑定等问题；其以未在平台上注册会员为抗辩，违背基本生活常识及逻辑。

此外，根据潘某本人提交的银行流水，其每月还款数额与北京某信息技术公司提交的《借款协议》约定的数额相同，印证了《借款协议》的真实性；如果存在北京某信息技术公司提交的《借款协议》之外的书面协议，潘某应当提交，现潘某不能提交，须承担举证不力的后果，以北京某信息技术平台提交的《借款协议》为准。北京某信息技术公司通过债权转让的方式依法取得了对潘某的债权，其当然有权向潘某主张偿还借款。

法律依据：

《中华人民共和国电子签名法》

第三条　民事活动中的合同或者其他文件、单证等文书，当事人可以约定使用或者不使用电子签名、数据电文。

当事人约定使用电子签名、数据电文的文书，不得仅因为其采用电子签名、数据电文的形式而否定其法律效力。

前款规定不适用下列文书：

（一）涉及婚姻、收养、继承等人身关系的；

（二）涉及土地、房屋等不动产权益转让的；

（三）涉及停止供水、供热、供气、供电等公用事业服务的；

（四）法律、行政法规规定的不适用电子文书的其他情形。

专题3　人工智能技术及其在金融领域的应用

当前，人工智能正迎来新一轮的深入发展，我国人工智能产业的国际影响力稳步提升，人工智能技术在金融领域的应用价值也日益显现，已渗透到多个主要业态，引起金融行业的普遍关注。但同时，人工智能技术在金融领域应用可能带来的风险和挑战也不容忽视。

第一节　人工智能技术概况

一、人工智能技术的概念和特点

人工智能技术的主要理念是赋予机器进行自主思考或行动的能力。关于人工智能的定义众说纷纭，有些侧重于思考或行动的类人性，有些则强调思考或行动的合理性，但多数定义都基本认可其是一种能够进行自主思考或行动的机器系统。比如，金融稳定理事会认为，人工智能是一种计算机系统，能够实现推理、学习、自我改进等通常需要人类智能来完成的功能。人工智能技术是指通过对上述机器系统的实现和应用，赋予机器自主思考或行动能力的技术，包括但不限于机器学习、计算机视觉、智能语音、自然语言处理、知识图谱、智能决策控制、机器人、混合智能等。

当前人工智能主要是面向特定领域的专用智能，仍处于弱人工智能阶段。根据能力的强弱，人工智能可划分为弱人工智能、强人工智能，甚至超人工智能等几个发展阶段。一般认为，弱人工智能擅长在特定领域、有限规则内模拟和延伸人类智能，强人工智能可在思考、计划、解决问题、抽象思维、理解复杂理念、快速学习和从经验中学习等各方面达到人类级别，超人工智能则可在所有领域都大幅超越人类智能。

二、人工智能技术的应用

数据、算力、算法的不断发展，为人工智能技术发挥作用提供坚实的支撑。信息化时代的到来，为人工智能技术发展提供了日益丰富的数据原料。新型计算芯片架构、特定应用集成电路（Application Specific Integrated Circuit，ASIC）等专用芯片的快速发展，提高了计算能力，降低了计算成本，持续拓宽人工智能技术的应用边界。深度学习算法等算法方面的迭代优化，不断为人工智能技术的发展提供更为强大的引擎。得益于三者的共同推动，人工智能技术在越来越多方面的能力不断接近甚至超越人类。

人工智能技术应用场景丰富。随着效能的不断提升，人工智能技术可被广泛用于金融、制造、安防、教育、医疗、养老、环境、交通、司法服务、网络安全、社会治理等行业和领域，不断优化观察预警、沟通交流、分析决策、流程自动化等功能（图专3-1）。

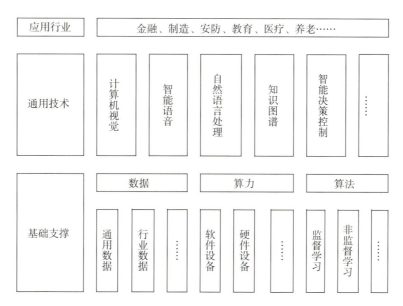

资料来源：中国互联网金融协会整理。

图专3-1　人工智能技术应用架构

三、我国人工智能产业发展情况

我国人工智能产业发展的政策支持力度大。近年来，我国支持人工智能产业发展的政策陆续出台，人工智能先后被写入2017年政府工作报告和中国共产党第十九次全国代表大会报告。2017年7月，国务院印发的《新一代人工智能发展规划》，更是为人工智能产业发展提供了系统规划和战略部署（表专3-1）。

表专3-1　部分我国人工智能相关政策

发布时间	相关政策	主要内容
2015年7月	《关于积极推进"互联网+"行动的指导意见》（国发〔2015〕40号）	依托互联网平台提供人工智能公共创新服务，加快人工智能核心技术突破。培育若干引领全球人工智能发展的骨干企业和创新团队，形成创新活跃、开放合作、协同发展的产业生态。
2016年7月	《"十三五"国家科技创新规划》（国发〔2016〕43号）	发展人工智能等新一代信息技术，在基于大数据分析的类人智能方向取得重要突破，实现类人视觉、类人听觉、类人语言和类人思维，支撑智能产业的发展。
2016年11月	《"十三五"国家战略性新兴产业发展规划》（国发〔2016〕67号）	培育人工智能产业生态，促进人工智能在经济社会重点领域推广应用，加快人工智能支撑体系建设，推动人工智能技术在各领域应用。
2017年7月	《新一代人工智能发展规划》（国发〔2017〕35号）	从总体要求、重点任务、资源配置、保障措施、组织实施等方面对新一代人工智能发展的系统规划和部署。

资料来源：中国互联网金融协会整理。

我国人工智能产业具有广阔的市场前景。从企业数量及投融资金额等方面看，我国人工智能产业已初具规模，部分数据居于世界前列。企业数量方面，中国互联网络信息中心的报告显示，截至2017年6月，我国拥有人工智能企业592家，居全球第二。投融资金额方面，中国信息通信研究院的报告认为，2017年，我国人工智能领域投融资总规模达1 800亿元人民币。此外，美国独立智库CB Insights的报告显示，2017年，我国人工智能创业企业融资总额约为350亿元人民币，位于全球前列。

我国人工智能领域专利数量增长迅速，部分领域核心关键技术实现重要突破。国家知识产权局规划发展司数据显示，近年来，我国人工智能领域发明专利申请公开量增速较快，2017年达46 284件，同比增长53.0%；发明专利授权量总体呈现快速增长，2017年达17 477件，同比增长34.9%。关键技术方面，《新一代人工智能发展规划》指出，我国语音识别、视觉识别技术世界领先，自适应自主学习、直觉感知、综合推理、混合智能和群体智能等初步具备跨越发展的能力，中文信息处理、智能监控、生物特征识别、工业机器人、服务机器人、无人驾驶逐步进入实际应用。

四、我国人工智能技术标准化情况

目前，我国正抓紧推进人工智能技术的标准化进程，已有基本概念与专家系统、语音识别与合成、机器学习、神经系统等4项推荐性国家标准。全国信息技术标准化技术委员会、全国信息安全标准化技术委员会、全国智能运输系统标准化技术委员会等也已发布一批关于人工智能概念、自动语音识别、生物特征识别和智能交通等有关人工智能技术的标准文件。

第二节　人工智能技术在金融领域应用的现状

目前，人工智能技术在金融领域的应用已渗透到多个主要业态，引起金融行业的普遍关注。人工智能技术在金融业务的前中后端均有用武之地，被金融机构用于身份核验、信用评估、反欺诈、客户沟通等多个环节。应用技术方面，计算机视觉、智能语音、自然语言处理等技术的应用发展相对较为成熟。比如，以人脸识别为代表的生物识别技术在身份验证环节的应用，以及智能语音、自然语言处理等技术在客户服务领域的应用已较为普遍，并取得了较好的应用效果。应用场景方面，人工智能技术在风险控制、投资顾问、客户服务、客户营销、保险理赔、投资研究等方面已有一定程度的应用（表专3-2）。

表专3-2　部分A股上市金融机构2017年年报人工智能技术应用情况

单位：家

企业类型	应用场景及在该场景有所应用的企业数量					
银行 （共26家）	智能风控	智能投顾	智能客服	智能营销	智能运维	
	15	11	15	9	5	
证券 （共37家）	智能投研	智能投顾	智能客服	智能营销	量化交易	
	6	11	7	2	2	
保险 （共6家）	智能风控	智能保顾	智能客服	智能营销	智能运维	智能理赔
	2	1	2	1	3	2

资料来源：中国互联网金融协会整理。

一、风险控制场景

人工智能在信贷风控场景的贷前、贷中、贷后等环节均可发挥一定作用。一方面，作为银行控制业务风险的重要环节，传统身份验证主要通过密码验证和人工验证相结合的方式实现，存在一些难点和痛点。比如，密码与身份的关联性较差，泄露的密码可能被其他人使用，而人工验证的效率、准确率受验证人员工作能力、主观情绪等因素影响较大。基于人工智能技术的人脸识别、指纹识别、活体检测等新型身份验证方式，能够丰富身份验证手段，提高账户冒用难度，还能提高验证效率及验证结果的稳定性。另一方面，当前，各类金融欺诈行为时有发生，且趋于组织化、专业化，其危害日趋严重。提高对欺诈行为的识别率，在保证业务规模的前提下降低欺诈损失，是很多互联网金融机构风控工作的重中之重。通过将知识图谱、深度学习等人工智能技术应用于风控领域，整合结构化、半结构化和非结构化数据，大规模监测各关系数据中存在的不一致性，能够及时发现潜在欺诈疑点，提高风险管控能力。此外，综合利用智能语音和自然语言处理等技术，还能够实现对电话催收行为的实时监测，有助于及时阻止不文明催收行为的发生，提高经营合规性。

二、投资顾问场景

近年来，我国居民对投资顾问服务的需求显著增加。但由于存在投资顾问数量少、单个投资顾问服务能力有限、人工成本高昂等限制，传统服务模式通常只能覆盖部分高净值人群，无法充分满足市场需求。智能投顾基于人工智能技术与现代投资组合理论，综合考虑客户的风险偏好、财务目标等因素，旨在提供批量化、定制化的投资顾问服务，在降低服务门槛的同时，为客户提供符合其自身需求的投资建议。

三、客户服务领域

金融机构往往需雇用大量客户服务人员，应对大量客户提出的关于产品信息、系统操作等方面的问题。但由于工作人员对知识的掌握能力有限，对信息的处理速度较慢，金融机构往往即使付出大量的人力成本，仍面临服务效率低、服务质量参差不齐等痛点。智能客服集成智能语音、自然语言处理、深度学习等人工智能技术，可较好完成常见问题回答等客户服务任务，能够分担人工客服压力，提高服务响应效率，降低机构人力成本，且能够缓解人工客服服务质量参差不齐问题。同时，通过人工智能技术提供增量服务的边际成本低于传统方式。

四、客户营销场景

金融产品种类繁多，客户需求千差万别，如何实现二者的精准匹配，在合适的时间，以合适的方式，将合适的产品推荐给合适的人，是精准营销面临的主要问题。传统营销方式对于营销人员具有较强的依赖性，营销人员的专业素养、个人精力、情绪状态等因素都可能影响营销效果。借助机器学习等人工智能技术，可构建高维度的精准推荐模型，结合大量历史营销样本对客户需求及偏好进行剖析，从而精准把握客户需求，有助于实现营销服务的随时、随地、随需，且提供增量服务的边际成本低于传统方式。同时，通过对营销数据反馈的收集，可持续进行模型迭代更新，实现营销决策的不断优化。

五、投资研究场景

影响基金产品收益的因素错综复杂，研究人员往往需要在相关信息搜集整理方面花费大量时间和精力，信息处理效率较低。通过自然语言处理与深度学习技术的应用，可将非结构化数据自动整理成结构化数据，并结合舆情分析、情感分析、语义识别等技术自动追踪行业和市场动向，可帮助研究人员节省在信息搜集整理等方面所需的时间和精力，提高信息处理效率。此外，人在面对市场波动时，情绪往往也会随之波动从而影响分析决策的客观性，导致做出错误的决策。人工智能技术可严格依据客观情况和既定策略做出相应决策，能够降低主观情绪的不利影响。

六、金融业务流程自动化场景

人工智能技术能够赋予机器观测、沟通和决策等能力，不但可使机器替代人类完成大量的重复性、机械性工作，还使得完成需要一定自主性分析决策的工作成为可能。德勤、麦肯锡等咨询公司均较为看好人工智能技术与机器人流程自动化的结合（即智能流程自动化），认为其具有较好发展前景。在金融业务中，智能流程自动化的应用有助于提高业务的自动化程度，可在财务自动化等场景发挥重要作用。

第三节　人工智能技术在金融领域应用的风险和挑战

人工智能技术仍处于不断发展演进过程中，在金融领域的应用潜力仍待进一步挖掘。同时，其应用也可能给金融领域带来技术安全、隐私泄露、责任主体难以认定、放大市场顺周期性、监管套利等方面的风险，以及数据共享交流整合不足、技术成熟度存在不足、人才储备不足等挑战，必须予以高度重视、谨慎应对。

一、人工智能技术在金融领域应用的风险

技术安全风险。人工智能技术本身发展仍不够成熟，存在算法"不可解释性"、对数据依赖度高等问题，加之算法模型设计缺陷等人为因素，可能导致结果偏离预期、算法歧视、系统异常等风险。此外，人工智能技术被不当使用甚至恶意使用，可能扩大违法违规行为的危害。比如，人工智能技术在语音模拟和人脸模拟方面的应用，可能会增加欺诈行为的防范难度。

隐私泄露的风险。一方面，逆向攻击等威胁可能导致人工智能模型内部数据的泄露，而金融领域数据可能涉及大量个人隐私数据，此类数据的泄露可能给客户带来难以估量的损失。比如，生物特征识别使用的指纹、声纹、相貌等数据通常具有唯一性及高度敏感性并且难以修改，其泄露所带来的损害可能难以逆转。另一方面，人工智能技术应用于数据挖掘方面，可通过对看似不相关数据的挖掘分析得到与用户隐私相关的信息，降低数据脱敏等隐私保护手段的效果，加大隐私泄露风险。

责任主体难以认定风险。人工智能技术产品和应用本身不具备责任承担能力及法律主体资格，而其在金融领域的应用可能涉及技术提供方、技术使用方以及金融服务使用方等多个利益相关方，往往难以厘清责任归属，算法"不可解释性"则更增加了责任划分的难度。

放大市场顺周期性风险。随着人工智能技术大规模应用于金融交易中，可能因算法

的同质性等因素导致市场交易行为一致化，加大市场周期性波动幅度。此外，交易程序使得交易频率能够达到毫秒级，当出现极端事件或程序出现故障时，可能带来巨大交易损失甚至对金融稳定造成负面影响。

二、人工智能技术在金融领域应用的挑战

数据共享交流整合不足。现阶段，金融领域的多数人工智能应用依赖于数据训练，数据集质量很大程度上会影响应用成效。而大规模且完整准确的高质量数据集需要对数据进行填补拼接、交叉校验等操作，对数据共享流动有较高要求。由于缺少合适的激励机制和共享机制，从业机构共享数据的动力不足、顾虑较多，公共部门数据整合和共享不够，数据条块分割和数据孤岛现象较为普遍，导致大量沉淀数据未能激活，难以支持人工智能技术的深度应用。

技术成熟度存在不足。人工智能技术在可靠性、无偏性、可解释性和可扩展性等方面有待进一步提高，可能对其在金融领域的深入应用造成阻碍。比如，金融领域对于模型的可解释性要求较高，而基于深度学习的人工智能技术具有"不可解释性"特点，即使专业技术人员也无法完全解释模型逻辑与参数关系，也难以确保任务被可靠且没有偏差地完成。此外，金融业务专业性强，涉及金融产品的种类繁多，许多金融产品之间的差异显著。通过数据训练的人工智能技术在解决类似问题时表现较好，但训练结果通用性较差，难以同时适用于不同金融产品。

人才储备不足。推进金融领域对人工智能技术的合理应用，需要大量既懂金融业务又懂人工智能技术的复合型人才。然而，金融业务与人工智能技术均具有较高的专业性，且二者所涉及知识的跨度较大。因此，上述复合型人才不仅存量不足，而且其培养难度也相对较高，难以短时间内得到有效补充。

第四节   推进人工智能技术在金融领域应用的对策建议

一是加强风险监管。可按照实质重于形式的原则，以人工智能技术在金融领域应用

的外溢风险为导向，以算法有效性、功能适当性、机器行为合规性等为重点，研究探索智能投顾、智能风控、智能量化交易等领域的业务规则，并加强合作外包、数据治理等方面的技术监管，实现监管无死角、风险全覆盖。

二是加强隐私保护。可结合金融领域实际情况加快完善隐私保护手段，引导金融机构对数据的规范应用，如制定完善数据分类、脱敏等方面的规则或标准，研究不同业务可以或限制应用的数据类型，减少数据不当应用造成的隐私泄露。

三是可考虑建立健全算法、模型报备机制。可考虑要求相关从业机构将人工智能模型的主要参数以及相关金融业务的主要逻辑等重要信息报备监管部门，强化留痕管理，提高决策过程的可回溯性，为责任认定提供依据。

四是加强自动中断、人工干预等机制研究探索。建议鼓励金融机构研究建立合理的自动中断机制，减少极端事件发生时人工智能错误决策的可能性。同时，可加强对人工干预机制的探索，研究人工干预的介入条件和有效途径。

五是加强行业协会及产业联盟的作用。可充分发挥行业协会及产业联盟在研发标准、搭建沟通桥梁、促进专业人才队伍建设等方面的作用，推动产学研用更深程度融合。比如，可考虑在国家人工智能标准体系框架下，发挥团体标准先行先试作用，以增强技术应用的安全性、合规性和互操作性为重点，逐步建立健全智能金融领域产品服务、行业管理、安全保障等方面的标准规范。

专题4　互联网金融标准化工作

　　标准是互联网金融规范健康发展的基础支撑，是互联网金融行业治理的重要手段。2017年，在行业管理部门、标准化主管机构、行业自律组织的积极推动下，在国家标准化管理委员会（以下简称国标委）和全国金融标准化技术委员会（以下简称金标委）的正确指导下，组织制度建设、标准制修订与实施等工作取得积极进展。

第一节　互联网金融标准化工作开展情况

一、互联网金融标准化组织制度初步建立

（一）成立互联网金融标准化组织

　　2017年以来，中国互联网金融协会作为金标委互联网金融标准工作组的组长单位，牵头组织行业力量，共同推动互联网金融标准化工作进入统筹规划、共建共享、有序推进的新阶段。于2017年7月18日，中国互联网金融协会成立互联网金融标准研究院，以及在2017年12月10日，在天津成立互联网金融标准检测认证中心。标准研究院和标准检测认证中心分别承担互联网金融标准研制和标准落地实施职能，为互联网金融标准化工作提供了坚实的组织保障。

（二）制定发布团体标准管理办法

　　2017年3月，《中国互联网金融协会团体标准管理办法》发布实施，明确了中国互联网金融协会团体标准的组织管理、制修订程序、推广与应用等要求，规范了互联网金融团体标准工作运行和管理，为互联网金融标准研制和宣贯工作提供了制度保障。同时，

中国互联网金融协会完成了全国团体标准信息平台注册，团体标准代号为T/NIFA。

二、互联网金融标准研制工作稳步推进

（一）滚动完善互联网金融标准体系

目前按照互联网金融活动领域和标准属性，互联网金融标准体系框架分为通用基础、产品服务、运营管理、信息技术与信息安全、风险防控与行业管理等五大类，每个标准大类下包含若干现行标准和未来需要制定的标准，并不断滚动完善，从而为互联网金融标准研制工作提供行动指南和参考依据。针对互联网金融重点领域，如个体网络借贷，结合行业发展现状与趋势对个体网络借贷标准体系进行顶层设计，针对五大类的子类进行标准细化。

（二）积极推进互联网金融行业标准

2017年，在金标委的统一组织下，互联网金融行业标准制修订工作有序推进。其中，《移动终端支付可信环境技术规范》（JR/T 0156-2017）正式发布，《云计算技术架构规范》系列标准、《基于安全芯片的线上支付规范》等行业标准进入报批阶段，《电子支付　工具分类及代码》《中国金融移动支付》系列标准、《非银行支付机构支付业务设施检测规范》系列标准进入送审阶段，《聚合支付安全技术规范》形成标准草案稿。以上标准的制定实施有助于规范互联网金融发展、防范互联网金融风险、支撑互联网金融创新。

（三）加快推进互联网金融团体标准

为紧密配合监管部门要求，快速响应市场和创新对标准的需求，提高互联网金融标准供给能力，针对互联网金融领域的主要风险，按照"共性先立、急用先行"的工作思路，中国互联网金融协会启动多项行业急需的关键团体标准研制工作。截至2017年末，《互联网金融　信息披露　个体网络借贷》（T/NIFA 1—2017）、《互联网金融　信息披露　互联网消费金融》（T/NIFA 2—2017）、《互联网金融　个体网络借贷　资金存管业务规范》（T/NIFA 3—2017）、《互联网金融　个体网络借贷　资金存管系统规范》（T/NIFA 4—2017）、《互联网金融　个体网络借贷　借贷合同要素》（T/NIFA 5—2017）5项团体标准正式发布。

（四）从业机构积极推动企业标准化工作

2017年，一批从业机构积极布局企业标准化建设，通过制定互联网金融企业产品与技术标准等手段提升企业核心竞争力。比如，中国银联技术管理委员会发布了《中国银联无卡快捷支付技术规范（2017.B）》《中国银联支付标记化技术规范（2017）》和《中国银联移动支付技术规范》等企业技术标准。网联清算有限公司发布了《非银行支付机构网络支付清算平台（网联）技术规范》企业标准。蚂蚁金服结合自身实践经验，在企业内部对互联网金融领域金融业务、基础平台、数据安全、终端设备、信息技术和身份认证六大板块相关标准进行布局。

三、互联网金融标准化试点与科研齐头并进

（一）稳步推进国标委标准化服务业试点项目

为促进互联网金融标准化工作，向社会提供专业的标准化服务，在国标委、金标委的支持和指导下，国标委启动首批互联网金融标准化服务业试点工作。在实践中，互联网金融标准化工作紧密结合金融监管部门要求和行业发展实际需要，在互联网金融标准化全链条培育、标准化服务新模式培育等方面取得了阶段性成果，在总结前期试点工作的基础上，向国标委提交了《推进互联网金融信息披露标准化服务　加强金融风险防控和消费者保护》试点案例报告。

（二）国标委互联网金融标准"走出去"重点项目

2017年，国标委正式启动《中国互联网金融标准"走出去"战略与实践研究》项目。该项目旨在推动互联网金融标准"走出去"，提升互联网金融标准化工作的国际化水平，为我国互联网金融行业打造国际竞争力提供研究支撑。按照课题要求，目前已开展发达国家互联网金融标准化战略研究及比对分析研究，探索我国互联网金融标准"走出去"的可实施路径。

（三）国家科技部金融风险防控关键技术标准研究项目

2017年，金标委组织了申报"国家质量基础的共性技术研究与应用"国家重点研发计划《金融风险防控关键技术标准研究》项目。该项目于2017年末通过预申报，中国互联网金融协会参与并牵头承担其中《互联网金融风险防控技术标准研究》子课题的

研究。

四、互联网金融标准国际化水平不断提升

2017年，在金标委组织下，金融业国际标准化工作的跟踪和研究积极推进，互联网金融领域标准化工作的国际交流与合作不断加强。中国人民银行、农业银行专家会同法国标准化专家共同提交了《第三方支付信息系统的安全目的》ISO新工作项目提案。中国外汇交易中心会同英国、新加坡标准化机构共同提交了《金融服务中基于WEB服务的应用程序接口》ISO新工作项目提案。中国人民银行数字货币研究所代表中国加入国际电信联盟（ITU）法定数字货币焦点组并担任副主席。中国银联派员担任EMVCo二维码扫码支付工作组组长，主导相关标准制定过程。中国互联网金融协会申请加入金标委金融国际标准跟踪研究工作组，主动跟进金融国际标准制修订现状，完成3次共11项国际标准的投票工作，同时派员参与ISO/TC 68金融科技技术咨询工作组（FinTech TAG）和金融服务中基于Web服务的应用程序接口（WAPI）工作组工作。

第二节　运用标准化手段防控互联网金融风险的探索与实践

2017年，在金标委指导下，互联网金融标准化工作以解决问题为目的，以市场需求为导向，注重结合行业形势需要，突出标准针对性和实用性，统筹标准研制和实施，在互联网金融标准化方面做了大量探索，取得了良好效果，积累了宝贵经验。

一、抓住主要风险，出台关键标准

在互联网金融风险专项整治深入开展背景下，互联网金融标准化工作必须服务好"抓整治、防风险、促合规"的主线。在互联网金融标准体系框架下，标准化工作深入调研梳理互联网金融领域主要问题和风险，研制出台了具有针对性和适用性的关键

标准。

一是个体网络借贷信息披露标准。 针对互联网金融领域信息披露标准不一，部分机构存在不披露、部分披露甚至虚假披露的问题，2017年出台了个体网络借贷、互联网消费金融信息披露系列标准。其中，个体网络借贷信息披露标准从机构信息、平台运营信息、项目信息三个方面定义并规范了126项披露指标。互联网消费金融信息披露标准借鉴行为治理理念，穿透业务实质，从机构信息和业务信息两个方面定义并规范了27项披露指标。

二是个体网络借贷资金存管业务规范和系统规范。 针对个体网络借贷领域部分机构存在设立资金池、侵占挪用客户资金甚至卷款跑路的风险，2017年出台了个体网络借贷资金存管业务规范和系统规范两项标准，明确资金存管在账户管理、信息安全管理、业务连续性等方面的要求，协助解决存管标准不一、假存管、部分存管、只存不管等问题。

三是个体网络借贷合同要素标准。 针对个体网络借贷领域合同要素内容不规范、金融消费者保护必要条款缺失等情况，2017年出台了个体网络借贷合同要素标准，从合同信息、项目信息和合同条款三个方面定义并规范了27项借贷合同必备要素，助力保护金融消费者合法权益。

二、调动会员力量，做好监管沟通

坚持"标准从行业中来，到行业中去"的原则，行业标准化工作充分调动从业机构参与标准制定的内生动力，有序组织相关行业机构参与标准起草、征求意见、标准审议等环节，促进互联网金融行业按照"共建、共享、共治"思路，不断提升行业标准化、规范化水平。同时，行业标准化工作积极加强与监管部门沟通协调，发挥标准先行先试和支撑监管政策落地的积极作用。2016年9月，在个体网络借贷信息披露监管规则尚未出台的情况下，中国互联网金融协会在有关监管部门指导下，充分发挥标准先行先试作用，发布实施团体标准《互联网金融　信息披露　个体网络借贷》（T/NIFA 1—2016）。该标准实施以来，经受了市场实践的检验，取得了较好的规范引导作用，为之后信息披露监管规则的制定打下了基础。2017年8月，信息披露监管规则《网络借贷信息中介机构业务活动信息披露指引》（银监办发〔2017〕113号）正式发布，中国互联网金融协会牵头，对从业机构信息、平台运营信息、项目信息等披露指标进行了适应性完善，形成了团体标准《互联网金融　信息披露　个体网络借贷》（T/NIFA 1—2017）。同时，为引导行业发展，中国互联网金融协会还在修订的标准中设置了严于监管规则的鼓励性指标。该标准先行先试、为监管规则和法律规范探路的做法，是行政监管与行业自律有机协调、良性互动的生动案例。

三、创新运用多元化贯标模式，确保标准有效落地

标准研制与标准宣贯需同步部署、同步规划、同步推进，创新运用多元化贯标模式，以确保标准能用、适用、管用。

一是将关键标准内嵌于中国互联网金融协会组织行业机构共同建设的行业基础设施。将团体标准内嵌于中国互联网金融协会组织会员共同建设的信息披露、信息共享等行业基础设施，切实发挥降低行业风险的作用。比如，全国互联网金融登记披露服务平台的上线，要求相关从业机构按照统一标准向社会集中披露相关信息。基于借贷合同要素标准，建设了全国互联网金融登记披露服务平台登记系统，接入机构按照统一标准披露借贷合同主体、日期、金额、借款用途、期限、还款方式等产品合同信息，从而协助解决互联网金融行业产品过度包装、层层嵌套、底层不透明等问题，为实施穿透式监管提供有力支撑。在建设互联网金融信息共享平台过程中，同步研制了信用信息采集标准，要求接入机构以统一标准报送数据，有效解决信用信息标准不统一、不规范的问题。

二是积极推动监管部门采信标准。2017年11月，全国网络借贷风险专项整治办公室与中国互联网金融协会联合发布《关于开展网络借贷资金存管测评工作的通知》，要求依据中国互联网金融协会出台的个体网络借贷资金存管业务规范和系统规范两项标准，对商业银行资金存管业务与系统进行综合测评，并将测评结果作为整治验收的参考依据和判断标准之一。

三是将贯标情况与行业自律管理挂钩。为配合互联网金融信息披露标准落地，中国互联网金融协会发布实施《信息披露自律管理规范》，规定会员定期对自身信息披露开

展情况进行自查自纠，协会组织不定期抽检。会员违反自律规则及其他有关规定的，视情节轻重，给予警示约谈、发警示函、强制培训、业内通报、公开谴责、暂停会员权利或取消会员资格等自律惩戒。

在取得初步经验和工作成效的同时，互联网金融标准化工作客观上还存在一些问题，一是行业发展不确定性较大，业务模式不断翻新，技术应用迭代较快，推进标准化工作面临较大挑战；二是行业发展处于整治和规范过程中，问题隐患依然较多，风险乱象时有发生，相对于日益增加的标准需求，标准化意识有待提高，标准供给仍有较大缺口；三是标准落地实施的手段存在不足，标准约束力有待加强。

第三节　互联网金融标准化工作计划

下一步，互联网金融标准化工作将继续配合互联网金融风险专项整治的安排部署，围绕互联网金融风险防控、金融消费者保护等重点任务开展工作，持续推动关键标准研制、强化标准实施，同时开展标准研究，加强国际标准化工作的跟踪和交流。

一、配合互联网金融风险专项整治工作，继续推动关键标准研制

按照《金融业标准化体系建设发展规划（2016—2020年）》（银发〔2017〕115号）关于实施互联网金融标准化重点工程的要求，结合分层次、分阶段标准需求清单，从个体网络借贷、直销银行、互联网保险等重点领域着手，滚动完善互联网金融标准体系。持续开展互联网金融标准制修订需求征集工作，加大标准制修订力度，特别是市场急需、跨业态、有利于风险防控和消费者保护的标准，推进互联网金融信息共享、电子合同安全规范、互联网非公开股权融资信息披露、大数据风控等重点领域和关键环节的标准制定工作。

二、强化互联网金融标准实施，探索更多落地手段

贯彻落实国标委等十部门联合发布的《关于培育发展标准化服务业的指导意见》，

以信息披露、资金存管等关键标准为切入点，探索开展标准研制、宣贯、应用、检测认证、达标评定等标准化服务。面向互联网金融标准工作组成员单位及广大互联网金融从业机构，围绕国家标准化改革政策、《中华人民共和国标准化法》、互联网金融标准体系、互联网金融关键标准宣贯等主题开展分层次、多元化的标准培训。加大标准化宣传力度，助力提升行业标准化意识和能力。扎实做好个体网络借贷信息披露标准和资金存管标准测评工作。

三、积极开展互联网金融标准研究，形成研究成果

扎实推进国标委互联网金融标准化服务业试点。稳步推动国家科技部《金融风险防控关键技术标准研究》、国标委《中国互联网金融标准"走出去"战略与实践研究》和金标委《互联网金融标准体系研究》等重点研究项目。面向行业机构开展互联网金融标准建设问卷调研，摸清互联网金融标准化现状和存在的问题，探索解决方案。

四、加强国际标准化工作跟踪和交流，提升标准国际化水平

密切跟踪国内外互联网金融领域标准现状和趋势，加强对标准化国际经验的借鉴吸收。推进与国际标准化组织（ISO）、英国标准协会（BSI）等国际组织在互联网金融领域标准化工作方面的交流合作。持续推进我国主导的《第三方支付信息系统的安全目的》等国际标准的编制，在信息披露、资金存管、合同要素等具有先发优势和充分实践经验的领域，积极探索有效路径和方式，争取主导部分国际标准研制工作，推动互联网金融标准"走出去"。

专题5　全国互联网金融登记披露服务平台介绍

按照中国人民银行等十部委发布的《关于促进互联网金融健康发展的指导意见》（银发〔2015〕221号）有关要求和国务院互联网金融风险专项整治工作部署，依据《网络借贷信息中介机构业务活动管理暂行办法》等规定，中国互联网金融协会先后发布了《互联网金融　信息披露　个体网络借贷》（T/NIFA 1—2017）、《互联网金融　个体网络借贷　借贷合同要素》（T/NIFA 5—2017）等标准，并于2017年6月建立了集中式、防篡改的全国互联网金融登记披露服务平台。该平台在提高互联网金融行业信息透明度、保护金融消费者合法权益、促进行业健康发展方面发挥了积极作用。

第一节　全国互联网金融登记披露服务平台建设背景

一、加强互联网金融行业信息披露和产品登记的重要性

信息披露，也称信息公示、公开披露，是一种以保障消费者权益、使其充分了解风险为目的的规制安排。从业机构将其自身经营状况、财务变化及风险事件等信息向社会公开并接受公众监督，有助于降低从业机构道德风险，提升企业内控能力，保护消费者权益，进一步改善市场环境。实践证明，凡是涉及公众财富、公共利益的金融活动都离不开信息披露。风险信息公开透明是金融业健康有序发展的有力保障。相较于传统金融，互联网金融领域信息披露的问题较为突出，不披露、乱披露乃至虚假披露、欺诈披露等乱象丛生，使金融消费者容易受到欺诈、非法集资等违法违规行为的侵害。此外，互联网金融行业还存在产品过度包装、底层资产不透明、合同质量层次不齐等问题，加

剧了行业整体风险。因此，有必要加强互联网金融行业信息披露和产品登记相关工作，保障金融消费者合法权益。

二、行业监管和自律关于信息披露和产品登记方面的要求

中国人民银行等十部委发布的《关于促进互联网金融健康发展的指导意见》（银发〔2015〕221号）要求，互联网金融从业机构应当对客户进行充分的信息披露，及时向投资者公布其经营活动和财务状况的相关信息，以便投资者充分了解从业机构运作状况，促使从业机构稳健经营和控制风险。2016年4月，国务院发布实施《互联网金融风险专项整治工作实施方案》（国办发〔2016〕21号）明确，要强化对互联网金融从业机构的信息披露要求，要求充分发挥中国互联网金融协会作用，制定行业标准和数据统计、信息披露等制度。同时，要求建立互联网金融产品集中登记制度。2016年8月发布的《网络借贷信息中介机构业务活动管理暂行办法》明确了网络借贷信息中介机构的信息披露相关责任义务，提出了信息披露有关具体要求，确保金融消费者充分知悉相关风险，同时明确要求网络借贷信息中介机构须按照法律法规和网络借贷有关监管规定要求报送相关信息，其中网络借贷有关债权债务信息要及时向有关数据统计部门报送并登记。

《互联网金融　信息披露　个体网络借贷》（T/NIFA 1—2017）、《互联网金融个体网络借贷　借贷合同要素》（T/NIFA 5—2017）等相关团体标准的发布，细化完善了从业机构信息、平台运营信息、项目信息等披露指标，对个体网络借贷合同基础性要素和相应要求作出规范。

三、全国互联网金融登记披露服务平台的规划设计

按照"服务监管、服务行业、服务社会"的职责定位，研究规划关于信息披露和产品登记的行业治理基础设施有助于切实落实监管和自律关于信息披露和产品登记的有关要求，保障相关政策及标准的有效落地实施，为帮助从业机构树立阳光透明形象，促进提高行业信息透明度。

在认真研究吸收监管科技相关理念和技术的基础上，并在监管部门的具体指导下，

经多方征求意见和反复论证，全国互联网金融登记披露服务平台（以下简称登记披露平台）的规划设计工作正式启动，依托大数据、云计算等数字技术，贯彻"穿透式和全覆盖"的监管理念，逐步实现信息披露和产品登记的相关功能。其中，平台的信息披露功能是按照《网络借贷信息中介机构业务活动信息披露指引》（银监办发〔2017〕113号）相关要求，以中国互联网金融协会《互联网金融　信息披露　个体网络借贷》（T/NIFA 1—2017）团体标准为依据，对网络借贷信息中介机构基本信息、运营信息和项目信息进行集中统一披露，且平台接入机构不能随意篡改相关披露信息，确保了信息披露的严肃性。平台的登记功能是依据中国互联网金融协会《互联网金融　个体网络借贷　借贷合同要素》（T/NIFA 5—2017）团体标准中合同必备要素规定，重点登记合同借贷双方债权债务关系，实现合同要素信息和履约信息等核心信息的及时登记和留存，有助于避免消费者维权时无处可查、无据可依情况的发生，同时为监管部门实施穿透式监管提供数据和系统支撑。

第二节　全国互联网金融登记披露服务平台的建设与推广

一、2017年6月5日，全国互联网金融登记披露服务平台正式上线运行

2017年6月5日，全国互联网金融登记披露服务平台（信息披露功能）在第十一届中国企业国际融资洽谈会·金融科技发展与安全论坛上举行上线仪式，天津市副市长阎庆民、中国人民银行科技司司长李伟与中国互联网金融协会领导共同宣布平台正式上线。2017年12月8日，在天津举办的中国互联网金融论坛·天津于家堡峰会暨中国互联网金融协会天津基地入驻仪式上，登记披露平台产品登记功能正式上线。

通过业务规范和技术手段，中国互联网金融协会要求接入登记披露平台的相关网络借贷信息中介机构集中、规范开展信息披露，重点披露机构信息及运营信息相

关内容，为金融消费者了解从业机构真实有效的数据信息提供保障。其中，机构信息包括企业基本信息、治理信息、财务会计信息等，运营信息包括用户规模、交易规模、逾期情况等。下一步，中国互联网金融协会还将推进网络借贷项目信息披露、银行资金存管信息披露等相关工作，不断完善平台信息披露功能。中国互联网金融协会还将抓紧产品登记相关工作，逐笔登记接入机构所撮合的借贷合同，助力解决从业机构证据留存及消费者借贷权属确认等问题，为配合监管部门实施穿透式监管提供基础依据。

登记披露平台的上线运行，是行业自律与行政监管有机协调配合的生动案例。从监管角度看，基于海量数据的监测和分析，平台为实现行为监管、穿透式监管提供了重要基础；从行业角度看，平台有利于遏制"劣币驱逐良币"现象，净化行业生态环境，为推动金融消费者权益保护、促进互联网金融规范健康发展提供基础设施保障；从社会公众角度看，平台提供了统一集中获取网络借贷机构信息的良好渠道，为金融消费者参与网络借贷相关活动提供了重要参考。

登记披露平台的上线运行受到了各界媒体及社会公众高度关注。相关业内专家认为，平台充分结合大数据等数字技术，改进了传统信息披露和金融监管的模式与路径，是推动互联网金融健康发展的重要一步。平台的上线进一步统一了各机构信息披露的标准和尺度，有利于提升平台自身透明度和资金运作透明度，同时为社会公众提供了权威的查询入口，帮助金融消费者更好地甄别风险。2017年末，登记披露平台的上线运行被《金融电子化》杂志评选为"2017年金融信息化10件大事"之一。

二、中国互联网金融协会有序开展全国互联网金融登记披露服务平台推广接入

平台上线以来，从业机构分批次积极推进网络借贷接入，持续扩大平台覆盖范围。通过五个批次的推广，截至2017年12月底，已有117家网络借贷信息中介机构接入平台，基本实现相关中国互联网金融协会会员机构全覆盖。其中，有116家机构披露了2016年的财报情况，有103家机构披露了2017年的财报情况。初步统计，接入机构业务量约占行业总业务量的80%。从各批次接入机构的数量对比来看，随着互联网金融风险专项整治逐

步深入，从业机构主动接入平台进行信息披露的积极性不断提高。

随着接入机构不断增多，平台的影响力不断加强，各家机构主动披露信息的意愿不断提升，披露信息的及时性、完整性、规范性日趋完善。平台已成为行业监管和自律管理的重要手段，越来越多的社会公众、专业媒体、研究机构通过平台深入挖掘各接入机构的股东背景、经营情况、业务发展以及合规整改进展，对发现的问题和风险进行提示，有助于社会公众发现问题机构、规避风险，又有力地促进了相关机构正视自身问题并加以改进，客观上起到了"扶优抑劣"作用，社会效益日益显现。此外，与各机构分别在自身网站披露信息的方式相比，平台的集中式披露使得接入机构不能随意篡改披露信息，保障了披露的严肃性。

第三节　全国互联网金融登记披露平台接入机构 2017年信息披露数据分析

自登记披露平台上线以来，相关网络借贷从业机构有序接入，集中开展信息披露，详细披露机构信息及相关运营信息。本节结合2017年各接入机构在登记披露平台的信息披露情况，对相关指标变化进行研究分析。

一、累计交易总额及增长率变化情况

接入机构披露的月度运营数据显示，接入机构累计交易总额呈逐月上升趋势。2017年4~7月，登记披露平台处于推广阶段，接入机构不断增多，机构披露的累计交易总额快速增长。2017年8月之后，接入机构数量稳定，累计交易总额呈缓慢增长态势，月环比增长率趋于稳定，接入机构的业务增长速度在逐渐放缓（图专5-1）。

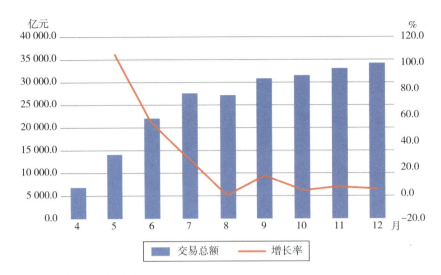

数据来源：中国互联网金融协会整理。

图专5-1　2017年4~12月登记披露平台接入机构累计交易总额及增长率变化

二、待偿金额及增长率变化情况

2017年4~7月，信息披露平台接入机构不断增多，机构披露的待偿金额总和快速增长。2017年8月之后，接入机构数量趋于稳定，待偿金额也趋于平稳（图专5-2）。

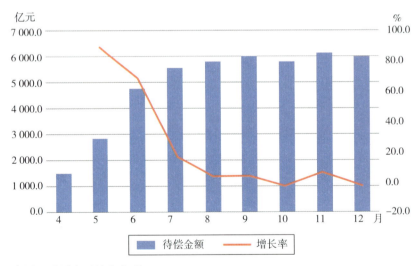

数据来源：中国互联网金融协会整理。

图专5-2　2017年4~12月登记披露平台接入机构待偿金额及增长率变化

三、融资人总数及增长率情况

2017年4~7月，信息披露平台接入机构不断增多，机构披露的融资人总数也快速增长。2017年8月之后，接入机构数量趋于稳定，融资人总数增速放缓。在互联网金融风险专项整治背景下，融资人总数的增速放缓，或与从业机构对融资人的筛选趋严并加强风险控制有关（图专5-3）。

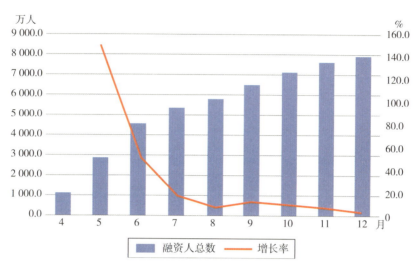

数据来源：中国互联网金融协会整理。

图专5-3　2017年4~12月登记披露平台接入机构融资人总数及增长率变化情况

四、投资人总数及增长率情况

2017年4~7月，信息披露平台接入机构不断增多，接入机构服务的投资人总数也快速增长。2017年8月之后，接入机构数量趋于稳定，投资人总数增速放缓（图专5-4）。

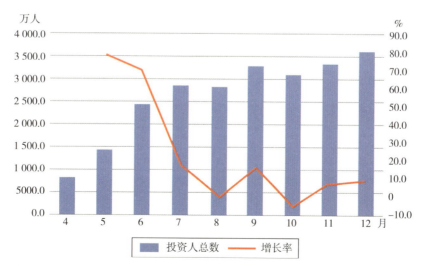

数据来源：中国互联网金融协会整理。

图专5-4　2017年4~12月登记披露平台接入机构投资人总数及增长率变化情况

五、笔均融资金额及增长率变化情况

根据接入机构披露的月度运营数据，笔均融资金额呈现波动下降的趋势。《网络借贷信息中介机构业务活动管理暂行办法》中对借款人在网贷机构借款金额做出明确要求后，多数网贷机构开始着手清理大额违规业务，笔均融资金额呈波动下降趋势（图专5-5）。

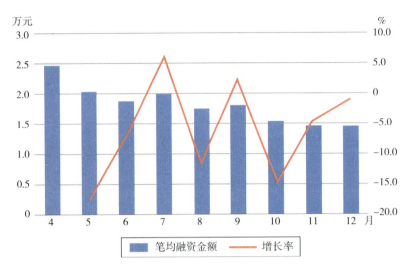

数据来源：中国互联网金融协会整理。

图专5-5　2017年4~12月登记披露平台接入机构笔均融资金额及增长率变化情况

六、笔均投资金额及增长率情况

根据接入机构披露的月度运营数据，2017年4月，接入机构数量较少，样本规模不足，笔均投资金额比其他月份明显偏高。2017年8月之后，随着接入机构数量趋于稳定，笔均投资金额平稳在3 000元左右，反映了网贷行业小额分散的业务特点（图专5-6）。

数据来源：中国互联网金融协会整理。

图专5-6　2017年4~12月登记披露平台接入机构笔均投资金额及增长率变化情况

七、员工人数统计

目前，大多数机构的员工人数在100人以内，只有极少数机构员工规模能达到千人以上。根据接入机构披露的机构基本信息，71家接入机构的员工人数不超过100人，32家机构的员工人数在100~500人，11家机构的员工人数在500~1 000人，只有3家机构的员工人数超过1 000人。值得注意的是，各家网贷机构的组织结构存在一定差异，员工人数并非和机构业务规模完全挂钩，部分网贷机构将催收、营销等业务条线外包，导致在编员工数量较少（图专5-7）。

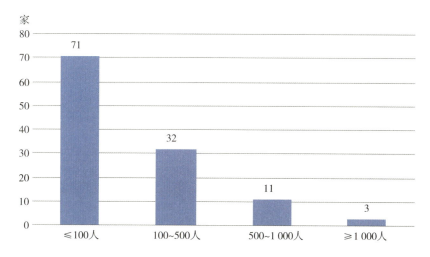

数据来源：中国互联网金融协会整理。

图专5-7　登记披露平台接入机构相关机构员工人数情况

八、营业收入

在披露2017年财报的103家接入机构中，营业收入在10亿元人民币以上的机构共12家，占比11.7%；营业收入在1亿~10亿元的机构共26家，占比25.2%；营业收入在1 000万至1亿元的机构共45家，占比43.7%；营业收入在100万至1 000万元之间的机构共20家，占比19.4%。数据显示，前五大机构的营收占比为51.9%，前十大机构的营收占比为73.7%，头部机构占据了大部分市场份额，网贷行业的市场集中度较高（图专5-8）。

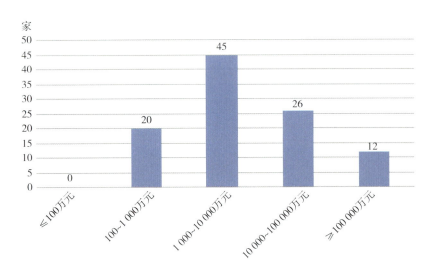

数据来源：中国互联网金融协会整理。

图专5-8　登记披露平台接入机构营业收入情况

九、净利润

在披露2017年财报的103家接入机构中，有70家机构产生盈利，33家机构出现亏损。其中，13家机构盈利超过1亿元，22家机构盈利在1 000万~1亿元，35家机构盈利不足1 000万元，19家机构亏损在1 000万元以内，14家机构亏损超过1 000万元。数据显示，大多数机构具备盈利能力，少数机构盈利能力较强。值得注意的是，部分亏损较大的机构存量业务较多，对其中的风险隐患不可忽视（图专5-9）。

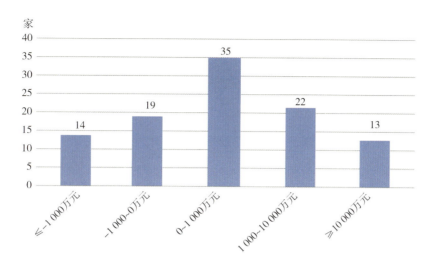

数据来源：中国互联网金融协会整理。

图专5-9　登记披露平台接入机构净利润情况

附录1 网贷行业总体情况表

行业总体情况表

（截至2017年12月31日）

单位：亿元、家、万人、%、月

	年末数据	比上年末增减
平台数量（家）	6 670	381
运营平台	2 625	−269
问题平台	4 045	650
历史累计参与人数（万人）	12 113.00	6 731.48
历史累计投资人数	4 064.89	1 243.21
运营平台	3 822.50	1 169.06
问题平台	242.39	74.15
历史累计借款人数	8 048.11	5 577.33
运营平台	8 028.29	5 572.82
问题平台	19.82	4.51
运营平台历史累计贷款发生额（亿元）	57 307.91	23 855.43
运营平台当年累计贷款发生额（亿元）	25 779.13	5 804.45
运营平台的投资者平均收益率（%）	9.42	0.12
运营平台的平均借款期限（月）	9.98	1.63
平台贷款余额	12 071.73	3 934.94
运营平台	11 953.55	3 919.71
问题平台	118.18	15.23

注：1. 本表部分数据通过互联网手段采集，根据机构实际业务情况进行监测。

2. 投资者平均收益率和平均借款期限为按当年新发贷款计算的加权平均值。

运营平台数量及贷款余额按利率和期限分类情况表

（截至2017年12月31日）

单位：亿元、家

	年末数量	比上年末增减
各利率区间平台数量（家）	2 192	−121
利率8%以下	240	31
利率8%~12%	972	57
利率12%~18%	427	−258
利率18%~24%	26	−74
利率24%以上	2	−14
无法划分	525	137
各借款期限平台数量（家）	2 192	−121
1个月以下	67	−67
1~3个月	570	−196
3~6个月	602	−94
6~12个月	364	88
1年以上	64	11
无法划分	525	137
各利率区间平台的贷款余额	11 953.55	3 919.71
利率8%以下	4 314.48	1 532.98
利率8%~12%	6 221.13	2 100.91
利率12%~18%	1 387.99	415.77
利率18%~24%	10.23	−145.82
利率24%以上	0.06	−2.18
无法划分	19.67	18.05
各借款期限平台的贷款余额	11 953.55	3 919.71
1个月以下	19.15	−43.60
1~3个月	818.70	−116.12
3~6个月	1 990.60	238.87
6~12个月	3 065.59	703.12
1年以上	6 039.84	3 119.40
无法划分	19.67	18.05

注：运营平台中有2 192家能获取详细业务数据，以此为统计样本；期限和利率按照当年平均借款期限和平均利率划分；"无法划分"指无法获取相关数据。

总体情况时序表

（截至2017年12月31日）

单位：亿元、家、万人、%

	2017年1月	2017年2月	2017年3月	2017年4月	2017年5月	2017年6月
平台数量	6 309	6 320	6 347	6 376	6 419	6 450
运营平台	2 851	2 807	2 773	2 729	2 699	2 680
问题平台	3 458	3 513	3 574	3 647	3 720	3 770
当月新上线平台数量	20	11	27	29	43	31
当月新增问题平台数量	63	55	61	73	73	50
参与人数（万人）	5 638.04	5 806.72	6 164.31	6 681.05	7 221.92	7 846.68
历史累计投资人数	2 859.38	2 869.21	3 194.64	3 300.11	3 378.68	3 535.91
运营平台	2 690.46	2 689.60	3 008.50	3 107.08	3 175.79	3 329.48
问题平台	168.92	179.61	186.14	193.02	202.89	206.43
历史累计借款人数	2 778.66	2 937.51	2 969.67	3 380.94	3 843.24	4 310.77
运营平台	2 763.34	2 921.90	2 953.94	3 364.76	3 826.65	4 293.79
问题平台	15.32	15.61	15.73	16.18	16.59	16.98
平台贷款余额	9 150.62	9 183.49	10 024.84	10 477.72	10 763.20	11 263.84
运营平台	9 070.97	9 120.68	9 954.90	10 416.72	10 676.57	11 189.40
问题平台	79.65	62.81	69.95	61.00	86.63	74.44
运营平台的投资者平均收益率（%）	9.04	9.05	8.89	8.94	8.94	9.02
	2017年7月	2017年8月	2017年9月	2017年10月	2017年11月	2017年12月
平台数量	6 489	6 540	6 592	6 613	6 651	6 670
运营平台	2 683	2 699	2 681	2 648	2 644	2 625
问题平台	3 806	3 841	3 911	3 965	4 007	4 045
当月新上线平台数量	39	51	52	21	38	19
当月新增问题平台数量	36	35	70	54	42	38
参与人数（万人）	8 863.17	9 630.65	10 261.75	10 848.72	11 726.39	12 113.00
历史累计投资人数	3 665.38	3 797.33	3 838.00	3 941.20	4 062.30	4 064.89
运营平台	3 459.45	3 583.72	3 607.37	3 702.83	3 822.57	3 822.50
问题平台	205.93	213.61	230.63	238.37	239.74	242.39
历史累计借款人数	5 197.79	5 833.32	6 423.75	6 907.52	7 664.08	8 048.11
运营平台	5 179.83	5 815.01	6 405.07	6 888.69	7 644.99	8 028.29
问题平台	17.96	18.31	18.68	18.83	19.09	19.82
平台贷款余额	11 774.85	12 113.96	12 311.61	12 208.33	12 155.54	12 071.73
运营平台	11 708.59	12 050.64	12 246.17	12 125.34	12 034.79	11 953.55
问题平台	66.26	63.32	65.44	82.99	120.75	118.18
运营平台的投资者平均收益率（%）	9.15	9.19	9.28	9.38	9.39	9.42

附录2　中国互联网金融大事记

2017年

1月13日，中国人民银行办公厅发布《关于实施支付机构客户备付金集中存管有关事项的通知》，深入贯彻落实党中央、国务院关于互联网金融风险专项整治工作总体部署，对支付机构客户备付金实施集中存管。

2月22日，银监会发布《网络借贷资金存管业务指引》，明确网贷资金存管业务应遵循的基本规则和实施标准。

2月22日，中国互联网金融协会李东荣会长会见来访的英国伦敦金融城庞安竹（Andrew Parmley）市长一行。双方就进一步落实"中英金融科技桥"、深化中英金融科技领域合作等话题进行了友好交流。

3月27日，中国互联网金融协会网络借贷专业委员会成立。

3月28日，中国建设银行与阿里巴巴、蚂蚁金服签署《战略合作协议》。双方将共同推进信用卡、线上线下渠道融合、电子支付等方面合作。建设银行董事长王洪章、阿里巴巴董事局主席马云出席签约仪式。

3月31日，非银行支付机构网络支付清算平台启动试运行。

4月10日，银监会发布《关于银行业风险防控工作的指导意见》，要求做好"校园贷""现金贷"业务活动的清理整顿工作。

4月14日，P2P网络借贷风险专项整治工作领导小组办公室发布《关于开展"现金贷"业务活动清理整顿工作的通知》和《关于开展"现金贷"业务活动清理整顿工作的补充说明》，提出了规范"现金贷"管理的相关要求。

4月24日，中国互联网金融协会在成都举办"全国网贷机构资金存管对接洽谈会"，推动落实银监会《网络借贷资金存管业务指引》。

4月24日，中国互联网金融协会互联网金融统计监测系统（一期）正式上线。直接报数机构超过200家，报数机构的交易规模占所在行业比重超过80%。

5月12日，中国互联网金融协会正式通过国家标准委全国团体标准信息平台注册，获批团体标准代号为T/NIFA。

5月17日，中国互联网金融协会互联网金融网络与信息安全专业委员会成立。19日，中国互联网金融协会金融科技发展与研究工作组成立。23日，中国互联网金融协会移动金融专业委员会成立。

5月20日，中国互联网金融协会英文官方网站正式上线。

5月27日，银监会、教育部、人力资源社会保障部发布《关于进一步加强校园贷规范管理工作的通知》。

6月5日，全国互联网金融登记披露服务平台在协会天津后台基地正式上线。

6月12日，在国务院总理李克强和卢森堡首相贝泰尔共同见证下，中国互联网金融协会会长李东荣与卢森堡互联网金融之家首席执行官马可宁签署《互联网金融领域合作备忘录》。

6月15日，中国互联网金融协会发布《互联网金融信息披露标准　互联网消费金融》团体标准。

6月16日，京东金融与中国工商银行签署金融业务合作框架协议，全面启动金融科技、零售银行、消费金融等方面业务合作。

6月20日，百度与中国农业银行达成战略合作，组建联合实验室共同开展在大数据风控、生物特征识别、区块链等领域合作。

6月22日，中国银行—腾讯金融科技联合实验室挂牌成立。实验室将重点基于云计算、大数据、区块链和人工智能等方面开展深度合作。

7月8日，国务院印发《新一代人工智能发展规划》，鼓励金融行业应用智能客服、智能监控等技术和装备，建立金融风险智能预警与防控系统。

7月14~15日，第五次全国金融工作会议在北京召开，会议提出加强互联网金融监管。

7月18日，中国互联网金融协会互联网金融标准研究院成立。中国人民银行副行长、第四届全国金融标准化技术委员会主任委员范一飞，中国互联网金融协会会长李东荣，国家标准化管理委员会副主任崔钢等领导出席并为互联网金融标准研究院揭牌。

8月23日，银监会发布《网络借贷信息中介机构业务活动信息披露指引》。

8月25日，中国互联网金融协会互联网金融统计监测系统（二期）正式上线，实现了行业统计数据采集方式由按月收集总量数据向每日采集逐笔交易信息的转变。

8月30日，中国互联网金融协会发布《关于防范各类以ICO名义吸收投资相关风险的提示》。

9月4日，中国人民银行联合中央网信办、工业和信息化部、工商总局、银监会、证监会、保监会等六部门发布《关于防范代币发行融资风险的公告》。

9月13日，中国互联网金融协会发布《关于防范比特币等所谓"虚拟货币"风险的提示》。

9月22日，中国互联网金融协会信用建设专业委员会成立。

9月26日，卢森堡财政部部长格拉美亚（Pierre Gramegna）和卢森堡驻华大使俞博生（Marc Hübsch）一行访问中国互联网金融协会，推动中卢两国高层访问相关成果落地，落实中卢互联网金融领域民间合作备忘有关精神。

9月29日，住房城乡建设部、中国人民银行及银监会三部门联合发布《关于规范购房融资和加强反洗钱工作的通知》（建房〔2017〕215号），对违规提供"首付贷"等购房融资行为作了禁止性规定，并明确要求中国互联网金融协会推动行业自律，加强对互联网金融从业机构的指导，引导其严格遵守相关禁止性规定。

10月11日，中国互联网金融协会发布《互联网金融　信息披露　个体网络借贷》（T/NIFA 1—2017）团体标准和《互联网金融　信息披露　互联网消费金融》（T/NIFA 2—2017）团体标准。

10月16日，中国互联网金融协会互联网股权融资专业委员会成立。

10月28日，首届中国互联网金融论坛在北京市海淀区举办。全国政协常委、中国保监会原副主席李克穆，中国互联网金融协会会长李东荣，全国金融专业学位研究生教育指导委员会主任委员郭庆平，全国人大财经委委员、中国互联网金融协会区块链研究工作组组长李礼辉，清华大学五道口金融学院教授、中国互联网金融协会网络借贷专委会主任委员谢平等出席论坛。

11月10日，中国互联网金融协会发布《关于防范通过网络平台从事非法金融交易活动的风险提示》。

11月18日，银监会批准由中信银行和百度共同发起设立的首家独立法人形式的直销银行百信银行开业。

11月21日，中国互联网金融协会正式发布《互联网金融个体网络借贷 资金存管业务规范》（T/NIFA 3—2017）和《互联网金融 个体网络借贷 资金存管系统规范》（T/NIFA 4—2017）团体标准。

11月24日，中国互联网金融协会召开第一届常务理事会2017年第四次会议，审议通过投资设立市场化个人征信机构的有关议案。

11月24日，中国互联网金融协会发布《关于网络小额现金贷款业务的风险提示》。

12月1日，互联网金融风险专项整治工作领导小组办公室、P2P网络借贷风险专项整治工作领导小组办公室联合发布《关于规范整顿"现金贷"业务的通知》。

12月5日，由中国互联网金融协会组织行业力量共商共建的互联网金融统一身份核验平台启动试运行，着力解决从业机构在实名验证方面存在的验证渠道不一、效率差别大、成本高、多点接入等问题。

12月8日，由中国互联网金融协会联合中央电视台证券资讯频道制作推出的"互联网金融消费者（投资者）教育公开课"在中央电视台证券资讯频道首播。

12月8日，由中国互联网金融协会主办的中国互联网金融论坛·天津于家堡峰会召开。天津市市委常委、滨海新区区委书记张玉卓出席峰会并会见参会的专家学者。

12月11日，中国银联携手商业银行、支付机构等产业各方共同发布银行业统一APP"云闪付"。

12月13日，中国人民银行下发《中国人民银行关于规范支付创新业务通知》，规范了支付业务创新。

12月14日，由中国互联网金融协会牵头，芝麻信用管理有限公司、腾讯征信有限公司、深圳前海征信中心股份有限公司、鹏元征信有限公司、中诚信征信有限公司、中智诚征信有限公司、考拉征信服务有限公司、北京华道征信有限公司参与组建的市场化个人征信机构（后定名为百行征信）召开首次股东会，选举产生第一届董事会和监事会。

12月18日，中国互联网金融协会与北京市第三中级人民法院、北京市金融工作局联合召开P2P网络借贷司法审判、行政监管和行业自律新闻通报会。

12月21日，中国互联网金融协会互联网保险专业委员会成立。

12月27日，中国人民银行发布《条码支付业务规范（试行）》，旨在规范条码支付业务，促进移动支付业务健康可持续发展。

12月29日，中国互联网金融协会正式发布《互联网金融　个体网络借贷　借贷合同要素》（T/NIFA 5—2017）团体标准。

后 记

2017年是互联网金融行业监管和自律管理持续深化之年，也是落实互联网金融风险专项整治要求、建立规范发展长效机制的关键一年。党中央、国务院高度重视互联网金融规范发展和风险专项整治工作，一年多以来，行业无序发展、生态恶化的局面得到改善，互联网金融总体风险水平显著下降，存量风险有序化解，增量风险有效管控，监管制度逐步完善，跨部门、跨地区监管协作机制初步构建。

在此背景下，协会组织编写了《中国互联网金融年报（2018）》。本年报在总体结构、写作风格上延续了往年年报的作法，对2017年行业发展情况进行梳理，分析了相关风险与挑战，在此基础上对行业未来发展作出了展望。本年报作为一本全面、客观的行业年度报告，不仅适合监管部门和研究机构在日常工作中参考使用，也为互联网金融从业者、消费者等提供了大量有价值的信息和数据资料。

最后，对参与并支持本年报编写工作的所有机构和个人表示衷心感谢。除编委会外，参加本年报编写工作的人员包括丁洋洋、王天晰、王昀、王洪帅、王琳、方晓月、龙佳、叶志强、叶舒杨、付大源、刘伟、刘绪光、刘燕青、孙芳、孙胜君、阳硕、苏莉、吴丹、李知常、李根、汪烨灵、张飞腾、张艳、陈栋、陈勇、陈艳、余文俊、岳富振、周钰博、郑丽娜、居未伟、战天舒、袁翼、钱婧、徐文伟、高瑞楠、郭笑雨、黄泥、黄琨、康馨、葛子川、韩鹏洋、靳亚茹（以姓氏笔画为序）。

编委会

2018年10月